새로운 도서, 다양한 자료 동양북스 홈페이지에서 만나보세요!

www.dongyangbooks.com
m.dongyangbooks.com

홈페이지 도서 자료실에서 학습자료 및 MP3 무료 다운로드

PC

❶ 홈페이지 접속 후 **도서 자료실** 클릭
❷ 하단 검색 창에 검색어 입력
❸ MP3, 정답과 해설, 부가자료 등 첨부파일 다운로드
* 원하는 자료가 없는 경우 '요청하기' 클릭!

MOBILE

* 반드시 '인터넷, Safari, Chrome' App을 이용하여 홈페이지에 접속해주세요. (네이버, 다음 App 이용 시 첨부파일의 확장자명이 변경되어 저장되는 오류가 발생할 수 있습니다.)

❶ 홈페이지 접속 후 ☰ 터치

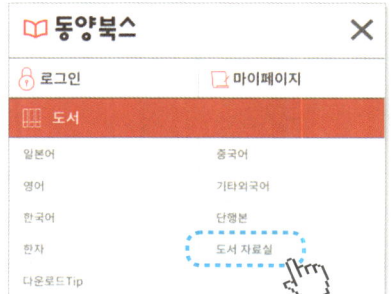

❷ **도서 자료실** 터치

❸ **하단 검색창**에 검색어 입력
❹ MP3, 정답과 해설, 부가자료 등 첨부파일 다운로드
* 압축 해제 방법은 '다운로드 Tip' 참고

500만 독자가 선택한

가장 쉬운
독학 일본어 첫걸음
14,000원

가장 쉬운
독학 중국어 첫걸음
14,000원

가장 쉬운
독학 베트남어 첫걸음
15,000원

가장 쉬운
독학 스페인어 첫걸음
15,000원

가장 쉬운
독학 프랑스어 첫걸음
16,500원

가장 쉬운
독학 태국어 첫걸음
16,500원

가장 쉬운
프랑스어 첫걸음의 모든 것
17,000원

가장 쉬운
독일어 첫걸음의 모든 것
18,000원

가장 쉬운
스페인어 첫걸음의 모든 것
14,500원

첫걸음 베스트 1위!

가장 쉬운 러시아어
첫걸음의 모든 것
16,000원

가장 쉬운 이탈리아어
첫걸음의 모든 것
17,500원

가장 쉬운 포르투갈어
첫걸음의 모든 것
18,000원

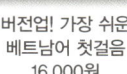

버전업! 가장 쉬운
베트남어 첫걸음
16,000원

가장 쉬운 터키어
첫걸음의 모든 것
16,500원

버전업! 가장 쉬운
아랍어 첫걸음
18,500원

가장 쉬운 인도네시아어
첫걸음의 모든 것
18,500원

버전업! 가장 쉬운
태국어 첫걸음
16,800원

가장 쉬운 영어
첫걸음의 모든 것
16,500원

버전업! 굿모닝
독학 일본어 첫걸음
14,500원

가장 쉬운 중국어
첫걸음의 모든 것
14,500원

가장 쉬운 독학
중국어 첫걸음

가장 쉬운 독학
일본어 첫걸음

오늘부터는
팟캐스트로 공부하자!

팟캐스트 무료 음성 강의

▶▶1
iOS 사용자

Podcast 앱에서
'동양북스' 검색

▶▶2
안드로이드 사용자

플레이스토어에서 '팟빵' 등
팟캐스트 앱 다운로드,
다운받은 앱에서
'동양북스' 검색

▶▶3
PC에서

팟빵(www.podbbang.com)에서
'동양북스' 검색
애플 iTunes 프로그램에서
'동양북스' 검색

◎ **현재 서비스 중인 강의 목록** (팟캐스트 강의는 수시로 업데이트 됩니다.)

• 가장 쉬운 독학 일본어 첫걸음
• 페이의 적재적소 중국어
• 가장 쉬운 독학 중국어 첫걸음
• 중국어 한글로 시작해
• 가장 쉬운 독학 베트남어 첫걸음

매일 매일 업데이트 되는 동양북스 SNS! 동양북스의 새로운 소식과 다양한 정보를 만나보세요.

 blog.naver.com/dymg98 instagram.com/dybooks facebook.com/dybooks twitter.com/dy_books

일본 현지 취업 및 일본계 기업 취업을 위한

스마트 일본어 면접

이재준 · 김은정 · 유리 지음

오기노 신사쿠 감수

동양북스

일본 현지 취업 및 일본계 기업 취업을 위한

스마트 일본어 면접

초판 2쇄 | 2020년 4월 15일

지은이 | 이재준, 김은정, 유리
발행인 | 김태웅
책임 편집 | 길혜진, 이선민
디자인 | 정혜미, 남은혜
마케팅 | 나재승
제 작 | 현대순

발행처 | (주)동양북스
주 소 | 제 2014-000055호(2014년 2월 7일)
주 소 | 서울시 마포구 동교로22길 14 (04030)
구입 문의 | 전화 (02)337-1737 팩스 (02)334-6624
내용 문의 | 전화 (02)337-1762 dybooks2@gmail.com

ISBN 979-11-5768-344-4 13730

이 도서의 국립중앙도서관 출판예정도서목록(CIP)은 서지정보유통지원시스템 홈페이지(http://seoji.nl.go.kr)와 국가자료공동목록시스템
(http://www.nl.go.kr/kolisnet)에서 이용하실 수 있습니다.
(CIP제어번호:CIP2018001944)

　몇 년 전까지 일본은 여러 가지 이유로 외국인 취업이 쉽지 않았습니다. 하지만 최근 대기업, 중소기업, 여행, 관광, 항공업까지 폭넓은 분야에서 외국인의 취업이 증가하는 추세이며, 일본은 연령, 성별에 제한을 두기보다는 능력 위주의 여러 경험을 가지고 있는 인재를 뽑는 문화를 가지고 있어, 한국 학생들에게 취업의 문이 활짝 열려 있습니다.

　이 책은 IT기업, 무역, 항공, 공항, 호텔 분야까지 일본계 기업에 취업하려는 모든 학생들이 꼭 알아야 할 기본적인 필수 질문들을 주제별로, 단계별로 연습할 수 있도록 구성했습니다. 또한, 현장에서 이루어지는 면접 대화까지 담아 실제 면접장에서는 어떤 상황들을 겪게 될지도 예상해 볼 수 있도록 하였습니다. 이 책은 바로 이렇게 일본어로 면접을 봐야 하는 모든 학생들이 읽고 도움을 받을 수 있게 구성하였습니다.

　한류열풍이 불기 전 일본에서 현지 취업을 목적으로 취업 활동을 하던 시절, 일본의 면접 문화, 질의 응답 등을 공부할 책이 없어 애썼던 시간들이 필자들에게도 있습니다.

　수년의 시간이 지났음에도 불구하고 아직까지 이 모든 고민을 해결해 줄 면접서를 찾는 데 어려움이 있다는 것을 알게 되어, 필자들의 면접관 경험과 과거에 느꼈던 어려움들을 모아서, 일본어 면접으로 고민하고 있을 학생들에게 도움이 되고자 이 책을 집필하게 되었습니다.

　'스마트 일본어 면접'을 통해 꼼꼼하고 스마트하게 면접을 준비해서, 다른 지원자와는 차별화되고 독창적인 자신만의 필살기를 장착하여 좁게만 느껴졌던 취업의 문이 활짝 열리길 바랍니다.

저자 일동

목차

1장 자기소개 自己紹介

2장 개인정보 個人情報

5

8장 일본시사 日本時事

9장 보너스 질문 ボーナス質問

7

이 책의 구성과 특징

들어가기

각 장에서 알아 볼 질문들을 주제별로 묶어 목차를
간단히 제시하였습니다.

이번 장에서 공부할 내용들을 한눈에 볼 수 있는
도입부입니다.

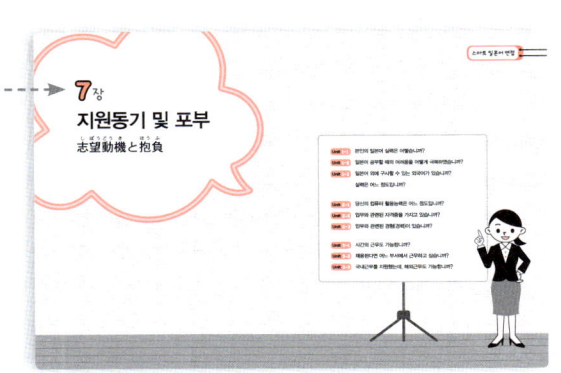

다른 표현

독자가 다양한 질문에 대비할 수 있도록 주제
질문을 대체할 수 있는 다른 표현 방법을 함께
제시하였습니다.

Unit

면접에 자주 나오는 질문들을 엄선
하여 주제별로 묶어 제시하고
질문에 적합한 모범답변을 여러 가
지 유형으로 제시하였습니다.

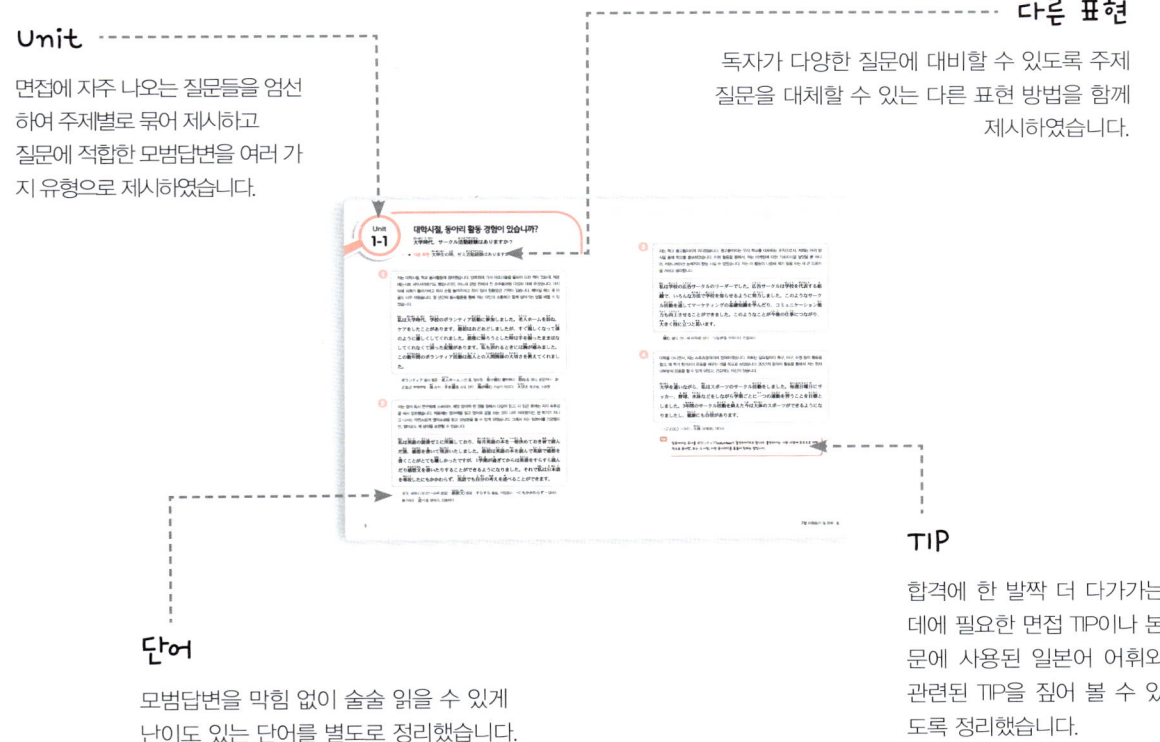

단어

모범답변을 막힘 없이 술술 읽을 수 있게
난이도 있는 단어를 별도로 정리했습니다.

TIP

합격에 한 발짝 더 다가가는
데에 필요한 면접 TIP이나 본
문에 사용된 일본어 어휘와
관련된 TIP을 짚어 볼 수 있
도록 정리했습니다.

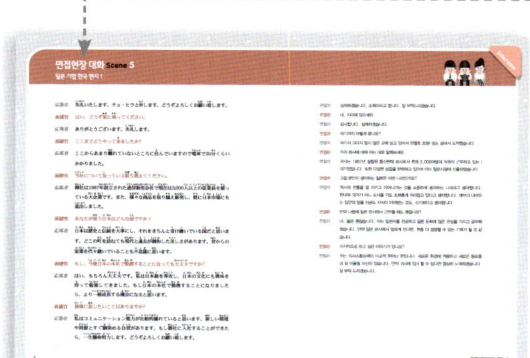

면접현장 대화 Scene

아직 면접현장에 익숙하지 않은 예비 면접자들을 위해 준비한 '면접현장 대화' 코너로, 본문에 제시된 내용을 바탕으로 실제 면접현장을 한눈에 볼 수 있게 정리했습니다.

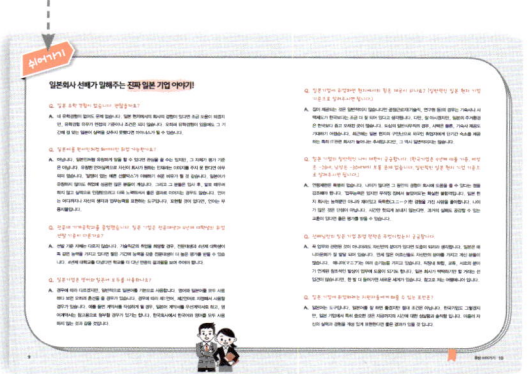

쉬어가기

일본 취업에 성공한 선배들의 일본 취업 성공담과 일본 기업 이야기, 일본 취업을 위한 팁 위주로 모아 놓은 '쉬어가기' 코너입니다.

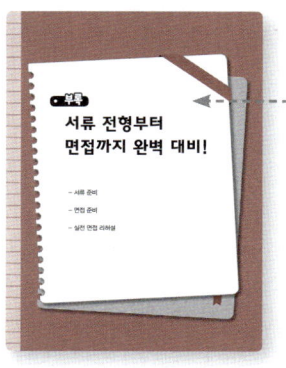

부록

이력서를 직접 작성해볼 수 있는 '서류 준비' 코너부터 면접장에 가기 전에 앞서 익혀둬야 할 면접 준비 사항들과 면접 매너를 담은 '면접 준비' 코너, 그리고 면접 예상 질문에 직접 답을 채워 넣어 보며 면접에 대비할 수 있는 '실전 면접 리허설' 코너로 구성된 부록입니다.

이 책은 新JLPT N3 이상의 수준을 가지고 일본 취업 또는 일본계 기업 취업을 준비하는 독자를 대상으로 하여, 면접에 자주 나오는 질문과 그에 대한 합격 모범답변만 뽑아 담았습니다. 또한 자신에게 적합한 내용으로 골라 쓸 수 있도록 질문과 답변은 [한국어–일본어] 순서로 제시하였으며, 이력서 서류 준비부터 실전 면접에 대비할 수 있는 팁을 부록으로 담아 절취하여 사용할 수 있게 했습니다.

1장

자기소개

自己紹介

Unit 1-1

간단하게 자기소개해 보세요.

簡単に自己紹介をお願いします。

┈┈● **다른 표현** 自己PRをしてください。

♪ MP3 01_01

1

안녕하십니까, 처음 뵙겠습니다. 저는 박상욱이라고 합니다. 26살입니다. ○○대학교 경제학과를 졸업했으며, 현재 서울에 살고 있습니다. 저의 장점은 긍정적인 성격이라 어떤 일을 하더라도 적극적으로 즐겁게 임한다는 점입니다. 잘 부탁드리겠습니다.

┈┈

こんにちは、はじめまして。私はパク・サンウクと申します。26歳です。○○大学経済学科を卒業し、現在ソウルに住んでいます。私の長所はポジティブで何事にも積極的に楽しく取り組むところです。どうぞよろしくお願いいたします。

申す 말하다(言う의 겸양어)　長所 장점　ポジティブ 포지티브, 긍정적　積極的 적극적　取り組む 몰두하다　いたす 하다(する의 겸양어)

tip
일본어에는 1인칭을 나타내는 말이 많은데 그중에서도 わたくし는 조금 딱딱한 표현으로 공식 석상에서 많이 쓰이며, わたし는 남녀구분 없이 쓸 수 있는 무난한 표현이다. 따라서 면접에서 자기 자신을 지칭할 때는 わたく し나 わたし를 사용하는 것이 가장 적합하겠다.

2

안녕하십니까, 면접관님들을 뵙게 되어 매우 영광입니다. 제 이름은 황수경입니다. 현재 ○○대학교 경영학과에서 공부하고 있으며, 몇 달 있으면 졸업할 예정입니다. 귀사에 입사하는 것은 저의 꿈입니다. 잘 부탁드립니다.

┈┈

こんにちは、皆様にお会いできて光栄です。私の名前はファン・スキョンです。現在、○○大学経営学科で勉強しており、数ヶ月後、卒業する予定です。御社に入社することは私の夢です。どうぞよろしくお願いいたします。

皆様 여러분　光栄 영광　経営 경영　御社 귀사

3

저는 최진아입니다. 올해 23살로 현재 ○○대학교 학생입니다. 한국에서 일본어 공부를 시작했지만, 정말 열심히 노력해서 이미 JLPT N2급을 취득하였습니다. 현재 일상 회화에서 듣고 말하는 데에는 크게 문제가 없습니다.

私はチェ・ジナと申します。今年23歳で現在、○○大学の学生です。韓国で日本語の勉強をし始めましたが、一生懸命努力して既にJLPT N2級を取得しております。今は日常会話でのリスニングとスピーキングは大きく問題はありません。

一生懸命 목숨 걸고 열심히 함　努力 노력　既に 이미, 벌써　おる 있다(いる의 겸양어)

> **tip**
>
> 일본어에는 존경어뿐만 아니라 겸양어도 있다. 겸양어는 주어가 되는 사람을 낮추는 뜻이 있으므로 자기나 자기 주변 사람에 대하여 쓴다. 이를 잘 사용하면 합격에 가까워지겠지만, 면접에서 평소에 보던 드라마나 게임 등에서 나오는 표현을 무분별하게 따라 사용하는 것은 불합격으로 가는 지름길임을 꼭 알아두자!

4

여러분, 안녕하십니까. 수험번호 107번, 김연정입니다. 저는 서울에서 나고 자랐으며, 아버지는 작은 회사를 경영하시고, 어머니는 중학교 교사, 오빠는 공무원으로 일하고 있습니다. 가족들 모두가 많이 바쁘긴 하지만, 언제나 저를 잘 돌봐 주시고 항상 관심을 갖고 지켜봐 주십니다. 저는 이렇게 좋은 가족이 있다는 것에 항상 감사하며, 저에게 있어 집은 따뜻하고 마음이 편안해지는 곳이라고 생각합니다.

皆様、こんにちは。受験番号107番、キム・ヨンジョンです。私はソウルで生まれ育ち、父は小さな会社を経営し、母は中学校の教師、兄は公務員の仕事をしております。家族皆が忙しいですが、いつも私の面倒までみてくれ、常に気にかけて見守ってくれます。こんな優しい家族に恵まれていることに感謝し、私にとって家とは暖かく心癒されるところだと思います。

生まれ育つ 태어나 자라다　教師 교사　面倒をみる 돌보아 주다　常に 늘, 항상　見守る 지켜보다　恵まれる 혜택받다, (좋은 환경 등이) 주어지다　癒される 평온해지다, 치유되다

본인을 설명해 보세요.
自分を説明してください。

`다른 표현` 自分を1分間説明してみてください。 ※ 시간을 제한하는 제시어에 주의!

♫ MP3 01_02

1

안녕하십니까, 처음 뵙겠습니다. 안연주라고 합니다. 저는 ○○대학교 아시아문화학부를 졸업했습니다. 4년 간의 대학교 생활을 통해 저는 일본 문화뿐만 아니라 일본어도 배워서 현재 일본 사람들과 의사소통하는 데에 전혀 문제가 없습니다. 만약 제가 귀사에 입사하게 된다면, 배운 지식을 업무에 활용하고 싶습니다. 꼭 다시 한번 면접관님들을 뵙고 싶습니다. 잘 부탁드리겠습니다.

こんにちは、初めまして。アン・ヨンジュと申します。私は○○大学のアジア文化学部を卒業しました。4年間の大学生活を通して文化だけでなく日本語も学び、現在、日本人とコミュニケーションをとることに全く問題ありません。もし御社に入社することができましたら、学んだ知識を業務に活用したいと思っております。ぜひ、面接官の皆様にもう一度お目にかかりたいと思っております。どうぞよろしくお願いいたします。

~を通して ~을 통해서 学ぶ 배우다, (학문·기술 등을) 익히다 全く 전적으로, 전혀 知識 지식 業務 업무 活用 활용 お目にかかる 만나 뵙다(会う의 겸양어)

`tip` 자신의 이름과 대학교 이름 같은 고유명사는 일본인 면접관이 알아듣기 쉽도록 일본식으로 발음해 주는 것이 좋다. 또한 이름을 말할 때는 성을 말하고 한 박자 쉬고 이름을 말하면 더욱 알아듣기 좋을 것이다.
예) 김연정 キム・ヨンジョン / 황수경 ファン・スギョン / 한양대학교 ハニャン大学 / 서강대학교 ソガン大学

2

안녕하십니까. 오늘 면접에 참석할 수 있어서 정말 영광입니다. 제 이름은 김명완이며 부산에서 왔습니다. 대학 시절, 교환 학생으로 미국에 다녀온 적이 있고, 지금은 일본어 공부도 꾸준히 하고 있기 때문에 저는 영어뿐만 아니라 일본어에도 자신이 있습니다. 저는 저의 이런 언어 능력과 현장 경험을 바탕으로 귀사의 업무를 수행하는 데 있어서 전혀 문제가 없다고 강하게 자신합니다. 잘 부탁드립니다. 감사합니다.

こんにちは。本日の面接に参加できて非常に光栄です。私の名前はキム・ミョンワンで釜山から参りました。大学時代には交換留学生としてアメリカに行ったことがあります。今はこつこつと日本語の勉強もしているので英語だけでなく、日本語にも自信があります。私はこのような自分の語学力と現場での経験を基に、御社で業務を行う上で全く問題ないと強い自信を持っております。どうぞよろしくお願いいたします。ありがとうございます。

参加 참가　非常に 매우, 상당히　参る 가다, 오다(行く・来る의 겸양어)　交換留学生 교환 학생　アメリカ 미국　こつこつ 꾸준히 노력하는 모양　行う (일을) 하다, 행하다

tip 미국이라는 나라를 표현할 때 구어체에서는 'アメリカ', 문어체에서는 '米国'라는 표현을 주로 사용한다.

応募者　こんにちは。ユ・チャンヒョンと 申します。よろしくお願いします。

面接官　ユさん、こんにちは。今日の気分は どうですか?

応募者　本日は 自分の人生に とって 重要な日で 少し 緊張も しております
　　　　が、それだけに 本日の面接を 楽しみに しておりました。

面接官　大学卒業を 控えていますね、今年、おいくつですか?

応募者　今年、28歳です。兵役と 語学研修で 大学の卒業が 少々 遅くなりま
　　　　した。日本に 語学研修に 行ったことが あるので 日常会話は 問題あ
　　　　りません。

面接官　そしたら、簡単に 自己紹介を お願いします。

応募者　はい。私は 〇〇大学の国際学科を 今年2月に 卒業する予定です。4年
　　　　間の大学生活を 通じて 国際関係学、経済関連の知識だけでなく、日
　　　　本語も 身に付けることが でき、現在は 日本人との コミュニケーショ
　　　　ンには 困ることは ありません。このような ことが、今後の仕事にも
　　　　繋がり、きっと 役立つと 思います。よろしくお願いいたします。

면접자   안녕하십니까. 유창현이라고 합니다. 잘 부탁드립니다.

면접관   유창현 씨, 안녕하세요. 오늘 기분은 어떤가요?

면접자   오늘은 제 인생의 중요한 날이라 떨리기도 하지만 그만큼 오늘의 면접을 기대하고 있었습니다.

면접관   대학 졸업을 앞두고 있네요, 올해 나이는 어떻게 되나요?

면접자   올해 28살입니다. 군대와 어학 연수로 대학 졸업이 조금 늦어졌습니다. 일본으로 어학연수를 다녀와서 일상적인 일본어 회화는 문제없습니다.

면접관   그럼, 간단하게 자기소개해 보세요.

면접자   네, 저는 ○○대학교 국제학과에서 공부했으며, 올해 2월 졸업할 예정입니다. 4년 간의 대학 생활을 통해서, 저는 국제관계학, 경제 관련 지식뿐만 아니라 일본어도 배워서 현재 일본인과의 의사소통에는 문제가 없습니다. 이러한 점들이 향후 제가 업무를 수행할 때 분명 도움이 될 것이라 생각합니다. 잘 부탁드리겠습니다.

応募者　こんにちは。受験番号1080番 ファン・スオクです。

面接官　ファン・スオクさん、こんにちは。はじめまして。

応募者　はじめまして。お会いできて 光栄です。面接の機会を くださり 本当に ありがとうございます。

面接官　ご自宅は 釜山ですか? 遠くから 来ましたね。ここまで どうやって 来ましたか?

応募者　はい、SRTで 3時間くらい かかりました。

面接官　遠いところまで お疲れ様でした。もし 合格したら どこに 住む予定ですか?

応募者　今、姉が ソウル駅の 近くで 一人暮らしを しているので、御社に 合格したら 一緒に 生活する予定です。

面接官　それは 良かったですね。それじゃ、簡単に 自己紹介を お願いします。

応募者　はい、私は 〇〇大学国際貿易学科を 卒業しました。大学で 貿易実務に 関係する GTEP過程を 履修しながら、実務として 日本企業に 韓国企業の製品を 販売する仕事などを しました。製品を 販売しながら、日本人と韓国人は 製品を見る視点が 異なっていることに気付き、自分なりに 工夫し、製品マーケティングのノウハウを 身に付けることが できました。よろしくお願いします。

면접자	안녕하십니까. 저는 수험번호 108C번 황수옥입니다.
면접관	황수옥 씨, 안녕하세요. 만나서 반갑습니다.
면접자	저도 만나 뵙게 되어서 매우 영광입니다. 면접 기회를 주셔서 감사합니다.
면접관	집이 부산이네요? 멀리서 왔네요. 여기까지 어떻게 왔나요?
면접자	네, SRT로 3시간 정도 걸렸습니다.
면접관	멀리까지 오느라 수고했네요, 그럼 회사에 합격하면 어디서 거주할 생각인가요?
면접자	지금 친언니가 서울역 근처에서 자취 중이라서, 귀사에 합격한다면 함께 생활할 예정입니다.
면접관	아주 다행이네요. 그럼 간단하게 자기소개해 보세요.
면접자	네, 저는 ○○대학교 국제무역학과를 졸업했습니다. 대학에서 무역 실무와 관련된 GTEP 과정을 이수하면서, 실무적으로 일본 기업에 한국 기업의 제품을 판매하는 일들을 했습니다. 제품들을 판매하면서 일본 사람들과 한국 사람들의 제품을 보는 관점이 다르다는 것을 보고 느끼면서 제 나름대로 연구하여 제품 마케팅의 노하우를 터득할 수 있었습니다. 잘 부탁드리겠습니다.

2장

개인정보

こ　じんじょうほう
個人情報

아버지(부모님) 직업이 무엇입니까?

お父様のお仕事は何ですか?

`다른 표현` ご両親のご職業を教えてください。

♪ MP3 02_01

1

저희 아버지는 회사원이시고, 어머니는 가정주부이십니다.

父は会社員で、母は主婦です。

tip 나보다 나이가 많은 사람에게 무조건 존경어를 쓰는 한국과는 달리 일본은 부모, 형제를 포함한 내 주변 사람을 상대방에게 말할 때에는 존경어를 쓰지 않는다는 점에 유의해야 한다.

ex) 내 아버지 → 父(O), お父さん(X)   내 오빠(형) → 兄(O), お兄さん(X)

2

아버지는 공무원으로 40년간 근무하셨고, 올해 퇴직하셨습니다.

父は公務員として40年間働いておりましたが、今年、引退しました。

tip *퇴직: 退職를 써도 무관하나, 자발적으로 회사를 그만둔 뉘앙스가 된다. 정년이 다 되어서 회사를 관둔 경우에는 보통 リタイア(retire) 또는 引退(은퇴)라는 표현을 많이 쓰니 참고하자!

3

저희 부모님께서는 함께 가게를 운영하고 계십니다.

両親は共にお店を経営しています。

tip 위 질문은 지양하는 추세이지만 여전히 부모님의 직업을 묻는 기업이 많이 남아 있다. 이는 단순 대화 화제로 사용하기 위해 별 의미 없이 물어볼 수도 있지만, 응시자가 올바른 가정 환경에서 자랐는지, 부모님이 경쟁사에 일하고 있지는 않은지 등을 파악하기 위해 물어보는 것이니 면접관의 의도를 파악하고 그에 맞는 대답을 하도록 하자.

· 主婦 주부 · 引退 은퇴, 퇴직 · 共に 함께, 같이

형제는 있습니까?

ご兄弟はいますか？

다른 표현 ご兄弟は何人いますか？

♪ MP3 02_02

1

3남매 중 막내입니다. 오빠와 언니가 있습니다.

3人兄弟の末っ子です。兄と姉がいます。

· 末っ子 막내

2

저는 외동입니다. 이 때문에 부모님께서는 저를 걱정스러워하셔서, 중학교 때부터 여러 가지 활동에 참여하였습니다. 그러한 경험들을 통해, 처음 보는 사람들과 어떻게 친해지고 친구가 되는지를 자연스럽게 배울 수 있었습니다.

私は一人っ子です。そのため、私は両親に中学の頃から色々な活動に参加させられました。そのような経験を通じて初対面の人達とどうやって馴染み、友達になれるのかを自然に身に付けることができました。

· 一人っ子 독자, 외동 · ～を通じて ～을 통해서 · 初対面 초면, 첫대면 · 馴染む 친숙해지다, 정들다 · 身に付ける (지식·습관 등을) 습득하다, 몸에 익히다

tip
형제(兄弟), 자매(姉妹)라는 말은 있지만, 남매에 해당하는 단어는 따로 없어 '兄弟'로 총칭함을 알아두자.

여자친구(남자친구)가 있습니까?

彼女(彼氏)はいますか?

•----● **다른 표현** 恋人はいますか? ※ 愛人은 불륜 관계를 뜻하므로 주의!

🎵 MP3 02_03

1

현재는 없습니다. 하지만 취업하게 되면 소개받고 싶습니다.

今はいませんが、就職できたら、紹介してもらいたいです。

・就職 취업, 취직 ・〜てもらう (남에게) 〜해 받다

2

아직은 없지만, 좋아하는 사람이 있습니다. 취업을 하고 나서, 그녀에게 고백할 예정입니다.

まだいませんが、好きな人はいます。就職したら彼女に告白するつもりです。

3

네, 있습니다. 3년간 교제한 여자친구는 초등학교 선생님입니다. 제가 취직하여 조금 안정이 되면 결혼할 예정입니다.

はい、います。3年付き合った彼女は小学校の先生です。私が就職して少し落ち着いたら結婚する予定です。

・付き合う 교제하다, 사귀다 ・落ち着く 안정되다

4

얼마 전에 헤어졌습니다. 서로가 미래에 대해 다른 생각을 가지고 있었기 때문에, 서로의 꿈을 위해 각자의 길을 가게 되었습니다.

この間、別れました。二人とも将来に対する考えが異なるため、お互いの夢のためにそれぞれの道で頑張ることにしました。

・別れる 헤어지다 ・対する 대하다 ・異なる 다르다 ・お互い 서로 ・頑張る 힘내다

tip
이 질문은 지극히 개인적인 질문이라 일본 현지에서는 물어보는 경우가 드물지만, 만약 일본 현지 면접에서 이 질문을 받는다면, 'いじわる質問(짓궂은 질문)', 즉, 소위 말하는 압박 질문이다. 이런 경우에는 'ご想像にお任せします(상상에 맡기겠습니다)' 정도로 대답하고 넘기는 방법을 추천한다.

자신만의 스트레스 해소법이 있습니까?

自分だけのストレス解消法はありますか?

●---→ **다른 표현** ストレス解消法について教えてください。

♫ MP3 02_04

1

저는 노래를 불러서 스트레스를 해소합니다. 큰 소리로 노래할수록 기분이 더 좋아집니다.

私は歌を歌ってストレスを解消します。大きな声で歌えば歌うほど気分が良くなります。

· 解消 해소 · ~ば~ほど ~하면 ~할수록

2

저는 운동을 합니다. 운동을 통해 스트레스도 풀고, 다이어트도 할 수 있습니다.

私は運動をします。運動はストレスの解消にもなるし、ダイエットにもなります。

3

저는 스트레스를 받으면 잠을 잡니다. 잠만 자면 모든 고민을 잊을 수 있습니다.

私はストレスがたまると寝ます。睡眠をとることによって、すべての悩みを忘れることができます。

· ストレスがたまる 스트레스를 받다 · 睡眠をとる 잠을 자다, 수면을 취하다 · 悩み 고민, 걱정

4

스트레스를 받았을 때는 맛있는 음식을 먹습니다. 배부르게 먹으면 기분전환이 됩니다.

ストレスがたまった時には美味しいものを食べます。お腹いっぱい食べたら気分転換になります。

· お腹いっぱい 배가 부름 · 気分転換 가분전환

당신은 술을 좋아합니까?

お酒は好きですか?

●──→ 다른 표현 あなたはよく飲めるタイプですか?

♫ MP3 02_05

1

네, 좋아합니다. 소주 1병 정도는 마실 수 있습니다.

はい、好きです。焼酎１本くらいは飲めます。

・焼酎 소주

2

보통입니다. 술을 마시면 분위기가 누그러져서 무엇이든 터놓고 이야기 할 수 있다고 생각합니다. 하지만 너무 많이 마시지는 않도록 노력합니다.

普通です。お酒を飲んだら雰囲気が和らいで、何でも素直に話せることができると思います。でも、飲み過ぎにはいつも気を付けています。

・雰囲気 분위기 ・和らぐ 누그러지다, 온화해지다 ・素直 솔직함 ・～過ぎ 도가 지나침 ・気を付ける 조심하다, 주의하다

3

그렇게 좋아하는 편은 아닙니다. 맥주 한 잔만 마셔도 금방 얼굴이 붉어집니다.

あまり好きじゃありません。ビール一杯でもすぐ、顔が赤くなります。

4

그렇게 잘 마시지는 못하지만, 술을 마실 때의 분위기를 좋아합니다. 술을 즐기는 편이라고도 할 수 있겠습니다.

そんなに飲めるタイプではありませんが、お酒を飲む時の雰囲気が好きです。お酒を楽しめるとも言えます。

・楽しむ 즐기다

> **tip** 이 질문은 입사 후, 조금 편한 자리에서는 물어볼 수도 있겠으나, 일본 현지 면접에서는 물어보는 경우가 거의 없다. 하지만, 한국에서 영업직 등에 지원하는 지원자에게는 물어볼 가능성이 있다는 점을 알아 두면 좋겠다.

Unit 4-1

당신은 리더십이 있다고 생각하십니까?

あなたはリーダーシップがあると思いますか?

┄┄● **다른 표현** 自分はリーダーシップがある人ですか?

♬ MP3 02_06

1

저는 고등학교 3년간 줄곧 반장을 도맡았습니다. 3년간의 경험을 통해 팀을 어떻게 한데 모으고 이끌어야 하는지를 배울 수 있었습니다.

私は高校の3年間ずっとクラスリーダーを務めました。その3年間の経験を通じてどのようにチームをまとめたり、引っ張ったりするかを身に付けることができました。

・まとめる 한데 모으다, 정리하다 ・～たり ～하기도 하고, ～든지 ・引っ張る 잡아끌다, 끌어당기다

2

저는 리더십이 있는 사람이라고 생각합니다. 항상 진취적이고 밝은 성격으로 친구들 사이에서 의견 충돌이 있을 경우, 제가 나서서 문제를 해결하도록 돕고 있습니다.

私は自分がリーダーシップがある方だと思います。いつも前向きで明るい性格なので友達同士で意見が一致しないときは自ら先に問題を解決するようにしています。

・前向き 앞을 향함, 적극적 ・～同士 ～끼리 ・一致 일치 ・自ら 몸소, 스스로

3

저는 리더십이 있는 타입은 아닙니다. 하지만, 어떻게 하면 다른 사람들과 원만하게 잘 어울릴 수 있을지를 항상 생각하고, 적극적으로 협조하도록 하고 있습니다.

私はさほどリーダーシップがあるタイプだとは考えていません。ですが、いかに気持ちよく円満に他の人たちと馴染めるかを常に考えながら工夫して積極的に協力するようにしています。

・さほど 그다지, 별로(=それほど) ・いかに 어떻게, 어떤 방법으로 ・円満 원만 ・工夫 궁리함, 고안함 ・協力 협력

2장 개인정보　27

존경하는 인물에 대해 말해보세요.

尊敬する人物について話してください。

●----● 다른 표현 尊敬する人はいますか?

♪ MP3 02_07

1

제가 가장 존경하는 사람은 아버지입니다. 지난 30여 년간 아버지께서는 하루도 빠지지 않고 일하셨습니다. 어렸을 때는 아버지께서 왜 그렇게 열심히 일하시는지 모르고 그냥 일을 좋아하시는 줄로만 알았습니다. 어른이 된 지금에서야 아버지께서는 가족의 행복을 위해서 쉬지 않고 열심히 일하셨다는 것을 알게 되었습니다.

私が最も尊敬する人は父です。過去30年間父は一日も欠かさず、仕事をしていました。幼いころは、なぜそんなに熱心に仕事ばかり頑張るのか理解できず、ただの仕事好きのお父さんだと思っていました。大人になった今だからこそ父は家族の幸せだけのために休まず、一生懸命働いてくれたことに気付きました。

・最も (무엇보다도) 가장 ・尊敬 존경 ・欠かす 빠뜨리다, 거르다 ・〜ず 〜않다 ・幼い 어리다 ・熱心 열심 ・理解 이해 ・幸せ 행복 ・気付く 깨닫다, 알아차리다

2

저는 유재석을 가장 좋아합니다. 그는 한국에서 가장 사랑받는 사회자입니다. 그는 10년간 갖은 노력으로 한국 최고의 남자 MC라는 타이틀을 가지게 되었습니다. 지금도 자신의 위치를 지키기 위해 끊임없이 스스로를 단련하고 있는 것 같습니다. 저는 그의 삶을 통해 '하늘은 스스로 돕는 자를 돕는다'라는 이치를 배우게 되었습니다. 그는 제 삶에 있어 큰 스승입니다.

私はユ・ジェソクさんが一番好きです。彼は韓国で一番愛される司会者です。ユさんは10年間一生懸命努力して「韓国最高のMC」というタイトルを手に入れることができました。今も自分の位置を守るために絶えず自分を鍛えているらしいです。彼の人生を通じて「天は自ら助くる者を助く」という言葉の意味をよく理解するようになりました。彼は私の人生において大きな師です。

・タイトル 타이틀 ・手に入れる 손에 넣다 ・絶えず 늘, 끊임없이 ・鍛える 단련하다

③ 작년 봉사 활동을 통해 저는 강 대장님을 만나게 되었습니다. 그는 신체적 장애가 있음에도 불구하고 봉사 활동을 조직하고, 계속해서 다양한 자선활동을 하고 계십니다. 강 대장님의 생활 방식은 제가 세상을 바라보는 시각을 바꾸어 주었습니다. 저는 그분처럼 제 안에서 지금 할 수 있는 일을 찾으려고 노력하고 있습니다. 그는 제 인생에 있어서 가장 존경하는 분입니다.

去年、ボランティア活動でカン隊長を知りました。彼は自身の体が不自由にも関わらず、ボランティアグループを組んだり色んな場面で活動を続けています。カンさんのライフスタイルは私の世間に対する見方を変えてくれました。私は彼のように自分の中で今できる事を探すように努力しています。カンさんは私の人生の中で最も尊敬する人物です。

· ボランティア活動 봉사 활동 · 不自由 부자유, 자유롭지 못함 · ～にも関わらず ～에도 불구하고 · 組む 짜다 · 場面 장면, 일이 일어난 장소 · 世間 세간, 세상

tip 일본은 절제된 표현을 선호하는 문화이다. 예를 들면 '障害者(장애인)'라는 표현이 있지만, 이런 직접적인 표현을 쓰기보다는 'お身体の不自由な方(몸이 불편하신 분)'와 같이 절제된 표현을 사용하는 것이 좋다.

일본 회사 선배가 말해 주는 진짜 일본 기업 이야기!

Q. 일본 유학 경험이 없습니다. 괜찮을까요?

A. 네, 유학 경험이 없어도 문제없습니다. 일본 현지 회사에서의 경험이 있다면 조금 도움이 되겠지만, 유학 경험 유무가 면접의 기준이나 조건은 되지 않습니다. 오히려 유학 경험이 있음에도 그 기간에 걸맞은 일본어 실력을 갖추지 못했다면 마이너스가 될 수 있습니다.

Q. 일본어를 원어민처럼 해야지만 취업 가능한가요?

A. 아닙니다. 일본인처럼 유창하게 말을 할 수 있다면 관심을 끌 수는 있겠지만, 그 자체가 평가 기준은 아닙니다. 유창한 언어 실력이 있어도 자신이 회사가 원하는 인재라는 이미지를 주지 못한다면 아무 의미 없습니다. '알맹이 없는 예쁜 선물 박스'가 이해하기 쉬운 비유가 될 것 같습니다. 일본어가 유창하지 않아도 취업에 성공한 많은 분들이 있습니다. 그리고 입사 후, 말로 때우려 하지 않고 실력으로 인정받으려고 더욱 노력해서 좋은 결과를 이끌어내는 경우도 많습니다. 언어는 어디까지나 자신의 생각과 업무 능력을 표현하는 도구입니다. 표현할 것이 없다면, 언어는 무용지물입니다.

Q. 전문대 기계공학과를 졸업했습니다. 일본 기업은 전문대생과 4년제 대학생의 취업 선발 기준이 다른가요?

A. 선발 기준 자체는 다르지 않습니다. 기술 직군의 취업을 희망할 경우, 전문대생과 4년제 대학생이 똑같은 능력을 가지고 있다면 짧은 기간에 능력을 갖춘 전문대생이 더 높은 평가를 받을 수 있습니다. 4년제 대학교를 나왔다면 학교를 더 다닌 만큼의 결과물을 보여 주어야 합니다.

Q. 일본 기업은 영어와 일본어를 모두 사용하나요?

A. 경우에 따라 다르겠지만, 일반적으로는 일본어를 기본으로 사용합니다. 영어와 일본어를 모두 사용하다 보면 오히려 혼선이 일어날 수 있어 제1언어, 제2언어로 지정해서 사용하기도 합니다. 예를 들면 계약서를 작성할 때, 일본어 계약서를 우선 계약서로 하고, 영어 계약서는 참고용으로 첨부하는 경우가 있기는 합니다. 한국 회사에서 한국어와 영어를 모두 사용하지 않는 것과 같습니다.

Q. 일본 기업에 취업하면 현지에서의 집은 제공이 되나요?

A. 집이 제공되는 것은 일반적이지 않습니다만 공장 근로자(기술직, 연구원 등)의 경우는 기숙사나 사택 제도가 한국보다는 조금 더 잘 되어 있다고 생각됩니다. 다만, 잘 아시겠지만 일본의 주거 환경은 한국보다 좁고 오래된 곳이 많습니다. 도심의 일반 사무직의 경우, 사택은 물론, 기숙사 제공도 기대하기 어렵습니다. 최근에는 일본 현지의 구인난으로 외국인 취업자에게 단기간 숙소를 제공하는 회사(특히 IT 관련)가 늘어나는 추세입니다만 그 역시 일반적이지는 않습니다.

Q. 일본 기업의 일반적인 나이 제한이 궁금합니다.

A. 연령 제한은 특별히 없습니다. 나이가 많다면 그동안의 경험이 회사에 도움을 줄 수 있다는 점을 강조해야 합니다. '업무 능력은 있지만 무작정 집에서 놀았어요'는 확실한 불합격입니다. 일본 현지 회사는 능력뿐만 아니라 재미있고 독특한(ユニーク)한 경험을 가진 사람을 좋아합니다. 나이가 많은 것은 단점이 아닙니다. 시간을 헛되게 보내지 않았고, 과거의 실패도 공감할 수 있는 교훈이 있다면 좋은 평가를 받을 수 있습니다.

Q. 선배님만의 일본 기업 취업 전략은 무엇이었는지 궁금합니다.

A. 꼭 업무와 관련된 것이 아니더라도 자신만의 분야가 있다면 도움이 되리라 생각합니다. 일본은 마니아 문화가 잘 발달되어 있습니다. 연세 많은 어르신들도 자신만의 분야를 가지고 있는 경우가 많습니다. 마니아(マニア)는 여러 순기능을 가지고 있습니다. 직장 내 화합, 교류, 서로의 분야가 연계된 창조적인 발상이 업무에 도움이 되기도 합니다. 일본 회사가 딱딱하기만 할 거라는 선입견이 많습니다만 한 발 더 들어가면 새로운 세계가 있습니다.

Q. 일본 기업에 취업하려는 지원자들에게 해줄 수 있는 조언은?

A. 일본어는 도구입니다. 일본어를 잘하면 좋겠지만 절대 조건은 아닙니다. 한국 기업도 그렇겠지만 일본 기업에서 특히 중요한 것은 지금까지의 시간에 대한 성실함과 솔직함입니다. 아울러 자신의 실력과 경험을 개성 있게 표현한다면 좋은 결과가 있을 것입니다.

3장

성격 및 인생관

性格及び人生観

당신은 친구가 많이 있습니까?

あなたは友人は多いですか?

╌╌● **다른 표현** あなたは友人が何人いますか?

♫ MP3 03_01

1

저에게는 서로를 잘 아는 진정한 친구가 몇 명 있습니다. 그 친구들은 제가 곤경에 처했을 때 조금도 망설이지 않고 도와 주는 존재입니다.

私には仲がいい友人が何人かいます。彼らは、私が困ったときには迷わず助けてくれる存在です。

2

저는 친구가 비교적 많습니다. 이는 저의 밝고 명랑한 성격과 관련있으며, 인간관계가 나쁘지 않은 편이라고 생각합니다.

私は比較的友達が多いほうだと思います。これは私の明るい性格と関係あると思いますし、人間関係は悪くないほうだと思います。

3

제 주변에는 좋은 친구가 많이 있습니다. 모두 함께 있으면 항상 화제가 끊이지 않고, 서로 어떠한 고민도 털어놓을 수 있는 진실한 친구들입니다.

私の周りにはいい友達がたくさんいます。皆、揃っていれば、常に話題が絶えないし、お互いにどんな悩みでも打ち明けられる真の友達です。

・揃う (모두 한곳에) 모이다 ・絶える 끊기다, 끝나다 ・打ち明ける (고민 등을) 털어놓고 이야기하다 ・真 진실

4

저는 친구가 그렇게 많지 않지만, 제 친구들은 제가 가장 도움이 필요할 때 손을 내밀어 줄 수 있습니다. 친구가 많은 것보다는 마음을 터놓고 이야기할 수 있는 친구가 있는 것이 중요하다고 생각합니다.

友達がそれほど多い方ではないのですが、私の友人は、最も助けが必要なときに手を差し伸べてくれます。友達は多いよりも、腹を割って話せる親友がいることが大切だと思います。

・差し伸べる 내밀다, 뻗치다 ・腹を割って話す 마음을 터놓고 이야기하다

당신의 친구들은 당신을 어떻게 평가합니까?

あなたは友人にどう評価されていますか?

└───● **다른 표현** あなたはまわりの人からどう見られていると思いますか?

♪ MP3 03_02

1

친구들은 저에게 사람 사이를 조화롭게 하는 능력이 있다고 평가합니다. 친구들 간에 의견이 일치하지 않거나 소통이 잘 안 된다고 생각될 때는 저에게 교통정리를 해달라고 부탁하곤 합니다.

私は友人たちから人をまとめる能力があると評価されていると思います。意見が一致しない時や、話が上手く通じないと思った時にはまとめ役を任されたりします。

・能力 능력 ・役 역(할) ・任す 맡기다

2

친구들은 제가 유머러스하고 말을 잘한다고 생각합니다. 친구들과 이야기할 때, 항상 흥미로운 이야깃거리를 잘 찾아 재미있게 이야기하기 때문에 모두들 저와 수다 떠는 것이 좋다고들 이야기합니다.

友人たちは私がユーモラスで話上手だと思っているようです。友達と話をするときはいつも興味深い話題を見つけ、話を面白くするので、みんな私とのおしゃべりが好きだとよく言います。

・興味深い 매우 흥미롭다 ・見つける 찾아내다, 발견하다 ・おしゃべり 수다스러움, 잡담

3

친구들은 저를 정신적으로 의지할 수 있는 사람이라고 이야기합니다. 친구들은 고민거리가 생기면 저를 찾아와 털어놓는 일이 많아 저는 성심성의껏 들어주고 의견을 제시하며 그들을 격려해 주곤 합니다.

私は友人たちから精神的に頼れる人だとよく言われます。友人たちは悩みごとがあったら私に打ち明けることが多く、私はよく相談に乗ってあげたり、意見を出して彼らを励ましてあげたりします。

・精神的 정신적 ・頼る 의지하다 ・悩みごと 걱정거리, 고민 ・相談に乗る 상담에 응하다 ・励ます 격려하다

자신의 성격에 있어 장단점을 말해 보세요.

ご自身の短所と長所について話してください。

●┄┄┄ **다른 표현** あなたの短所と長所は何ですか?

♫ MP3 03_03

1

저는 솔직하고 시원시원한 성격입니다. 하지만 가끔 의도치 않게 다른 사람의 자존심을 상하게도 합니다. 그래서 말하기 전에 한 번 더 생각하려 노력하고 있습니다.

┄┄

私は率直でさばさばしている性格だと思います。ですが、時々思わず、相手のプライドを傷つけたりすることもあります。ですので話をする前にもう一度考えてから話すように気を付けています。

・率直 솔직함 ・さばさば 성격이 소탈하고 시원스러운 모양, 시원시원 ・思わず 엉겁결에, 무의식중에 ・プライド 프라이드, 자존심 ・傷つける 상처를 입히다

2

저는 의사소통 능력이 비교적 뛰어난 편입니다. 새로운 환경에 적응하고 새로운 동료들과 잘 어울릴 자신이 있습니다.

┄┄

私はコミュニケーション能力が比較的優れていると思います。新しい環境や同僚にすぐ、馴染める自信があります。

・優れる 뛰어나다, 우수하다 ・環境 환경 ・同僚 동료

3

일할 때의 높은 집중력이 저의 장점이자 단점이라고 할 수 있습니다. 일을 처리할 때 모든 정신을 그곳에 집중시켜 몰두하는 타입이라 적은 노력으로 많은 성과를 낼 수 있지만, 다른 한편으로는 한 가지 일에 너무 몰두하다 보면, 종종 주변 사람이나 일에 신경을 못 쓰게 되기도 합니다.

┄┄

仕事をする時の高い集中力が私の長所でもあり、短所でもあると思います。仕事をするときにはいつも集中して仕事に没頭するタイプで、少ない努力でも大きな成果を得ることができますが、一方では一つに没頭し過ぎると、時には周りに気を配ることができないこともあります。

・没頭 몰두 ・得る 얻다, 획득하다 ・気を配る 마음을 쓰다, 주의하다

4

저는 한번 시작한 일은 반드시 끝을 봐야만 하는 성격입니다. 만약 해야 할 일을 제때 끝내지 못하면 무책임한 인간이 된 것 같아 죄책감이 듭니다. '오늘 할 일을 내일로 미루지 말자'는 말을 신조로 삼고 항상 노력하고 있습니다.

私は一度自分で始めたことは最後まで終えなければならないと思います。もし、やらなければならないことを、決めたときまでに終えないと自分が無責任な人間な気がして、罪悪感まで感じてしまいます。「今日できることを明日に延ばすな」という言葉をモットーにいつも努力しています。

・最後 최후, 마지막 ・終える 끝마치다 ・気がする 생각이 들다, 느낌이 들다 ・延ばす (시일을) 연장시키다, 연기하다 ・モットー 모토, 신조

당신의 단점을 극복하기 위해 어떤 노력을 합니까?

あなたの短所を克服するためにどんな努力をしますか?

`---•` **다른 표현** あなたの短所を克服するためにどのようなことをしていますか?

🎵 MP3 03_04

1

저는 부끄러움을 많이 타는 편입니다. 그래서 사람들 앞에 서면 부끄러워서 말을 잘 못 하는 경우도 많습니다. 말을 잘하기 위해서, 평소 다양한 동아리 활동에 적극 참여하고 가능한 한 많은 사람들과 교류하며, 처음 보는 사람에게도 주동적으로 말을 걸곤 합니다.

私は恥ずかしがり屋です。それで人前に立つと恥ずかしくてなかなか上手く話せないことも多いです。上手に話せるように普段は色んなサークル活動などに参加したり、できるだけ多くの人と交流するようにし、初めて会う人にも自ら先に話かけるようにしております。

· 恥ずかしがり屋 부끄럼을 잘 타는 사람, 숫기 없는 사람 · 普段 평소 · 交流 교류

2

저는 성격이 비교적 단순한 편이라 사람을 쉽게 믿어 잘 속기도 합니다. 그래서 매번 결정을 해야 할 때에는 믿을 만한 친구에게 조언을 구하고 있습니다.

私は比較的単純で人をすぐに信じる傾向があり、騙されることもあります。それで何かを決めるときは信用できる友人にアドバイスをもらったりしております。

· 単純 단순 · 傾向 경향 · 騙す 속이다 · 信用 신용 · アドバイス 어드바이스, 조언

3

저는 가끔 너무 솔직해서 다른 사람의 미움을 사기도 합니다. 그래서 말하기 전에 신중하게 생각한 후에 말하려 하고, 다른 사람의 단점을 들추기보다는 장점을 찾으려고 합니다.

時には余りの率直な性格のせいで、他人に嫌われたりもします。それで話す前には慎重に考えた上で発言するようにしており、他人の悪いところを探すよりも、いいところを探すように気を配っています。

· 慎重 신중 · 発言 발언

살아오면서 가장 어려웠던 시기는 언제입니까, 그것을 어떻게 이겨냈습니까?

今までで、一番辛かった時はいつですか? それをどのように乗り越えましたか?

♩ MP3 03_05

① 고등학교 때 아버지 회사가 부도가 났을 때입니다. 이전에는 철없고 제멋대로이며 돈도 함부로 쓰던 제가 그 일을 계기로 아르바이트하며 스스로 용돈도 벌고 절약을 습관화하게 되었습니다.

> 高校の時、父の会社が倒産してしまった時です。以前はわがままで金遣いも荒かった私がそれをきっかけにアルバイトをして自分でお小遣いを稼ぎ、節約も習慣づけました。

· 倒産 도산 · 金遣い 돈의 씀씀이 · 荒い 거칠다 · お小遣い 용돈 · 稼ぐ (돈을) 벌다 · 習慣づける 습관화하다

② 대입 수능에 실패했을 때가 제 인생에서 가장 힘든 시기였습니다. 그때는 부정적인 생각에 휩싸여 깊은 좌절에 빠져있었습니다. 그 후 학교와 전공을 이성적으로 냉정하게 선택한 결과, 희망했던 대학에 합격하였고, 잃었던 자신감을 다시 회복할 수 있었습니다.

> センター試験での失敗が人生の中で一番辛かったときです。その時は悪いことばかり考えて落ち込んでおりました。その後、学校と専攻を冷静に選んだ末に希望していた大学に合格し、失った自信も取り戻すことができました。

· 落ち込む 빠지다, 좋지 않은 상태가 되다 · ～た末 ～한 끝에 · 失う 잃다, 잃어버리다 · 取り戻す 되찾다, 회복하다

③ 인생에서 가장 이겨내기 어려웠던 것은 마라톤 대회에 참가한 일입니다. 처음에는 단순하게 그저 장거리를 달리기만 하면 된다고 생각했습니다. 그런데 점점 달릴수록 포기하고만 싶고 움직일 수조차 없었습니다. 하지만 끝까지 포기하지 않고 노력한 결과, 코스를 완주할 수 있었습니다. 마라톤을 통해 저 스스로의 한계를 뛰어넘은 것 같아서 자랑스럽게 생각하고 있습니다.

> 人生の中で一番乗り越えにくいと思ったことはマラソン大会に参加したことです。最初は単純に長距離をひたすら走るだけでいいと思っていましたが、走るにつれて諦めたくなり、動くこともできませんでした。ですが、最後まで諦めずに頑張った末に、コースを完走することができました。そのマラソンを通じて自分の限界を乗り越えたような気がして誇りに思っています。

· 乗り越える 극복하다 · ひたすら 오로지, 그저 · 諦める 체념하다 · 誇りに思う 자랑스럽게 여기다

당신의 인생관(좌우명)은 무엇입니까?

あなたの人生のモットーは何ですか?

---• 다른 표현 あなたの人生観について教えてください。

①

즐겁고 자유로운 삶의 방식을 추구하는 것이 저의 인생관입니다. 이를 위해, 항상 적극적이고 긍정적인 태도로 모든 상황을 대하려고 노력하고 있습니다.

楽しく自由な生活を送るライフスタイルを求めるのがの私の人生観です。そのために常に積極的でポジティブな態度で物事を考えるようにしています。

・生活を送る 생활을 보내다, 생활을 하다 ・求める 구하다, 추구하다 ・物事 물건과 일, 여러 가지 일

②

저의 좌우명은 '일찍 일어나는 새가 벌레를 잡아먹는다'입니다. 부지런한 사람이야말로 좋은 성과를 거둘 수 있다고 믿고 있기 때문입니다.

私の人生のモットーは「早起きは三文の徳」です。働き者こそ、いい成果を得ると信じているからです。

・働き者 부지런한 사람 ・〜こそ 〜야 말로

③

저는 즐거움이야말로 행복한 인생의 가장 중요한 조건이며, 즐겁게 사는 사람이야말로 삶을 어떻게 즐겨야 할지 가장 정확히 안다고 생각합니다. 그래서 저는 적극적이며 긍정적인 삶의 태도를 유지하기 위해 노력하고 있습니다.

私は「楽しみ」こそが幸せな人生の最も重要な条件であり、楽しく生きる人こそ人生の楽しみ方を正しく知っているのではないかと思います。それで私は積極的に前向きな姿勢を保つように頑張っております。

・条件 조건 ・正しい 옳다, 바르다 ・姿勢 자세 ・保つ 가지다, 지키다

4 저는 매사에 책임감을 가지고 일을 해야 한다고 생각합니다. 강한 책임감이 없다면, 어떠한 일도 해낼 수 없습니다. 저는 책임감이 강한 사람이 되고 싶습니다.

私は何事にも責任感を持って取り組まなければならないと思っています。強い責任感がなければ、何も成し遂げることができないと思うからです。私は責任感が強い人になりたいです。

· 成し遂げる 끝까지 해내다, 완수하다

tip

평소에 좋아하는 명언이나 속담을 일본어 표현으로 알아 두면 좋다. 우리말 그대로 직역하면 어색해지는 표현들이 있으므로, 일본어식 표현을 미리 숙지하면 도움이 될 것이다. 또, 존경하는 인물의 이름은 일본어 발음으로 미리 체크해 두는 것도 좋겠다.

만일 내일 지구가 멸망한다면, 오늘 무엇을 하겠습니까?

もし、明日地球が滅亡するなら、今日は何をしますか?

・──▶ 다른 표현 明日、世界が滅びるとしたら、あなたは今日、何をしますか?

♪ MP3 03_07

1

만약 내일 지구가 멸망한다면, 트러블이 생기거나 패닉에 빠지는 것을 피하기 위해 아무에게도 말하지 않고 평소와 같이 지낼 것 같습니다. 하지만 가족과 친구들에게는 문자를 보내서 제가 얼마나 그들을 사랑하는지 꼭 전하고 싶습니다.

もし、明日地球が滅亡するなら、トラブルやパニックを避けるため誰にも言わずいつも通り過ごすと思います。でも家族と友人には私がどれだけ皆のことが好きなのかをメールで伝えたいと思います。

・滅亡 멸망 ・避ける 피하다, 꺼리다 ・過ごす (시간을) 보내다 ・どれだけ 얼마만큼

2

만약 내일 지구가 멸망한다면 먼저 가족과 친구에게 전화를 걸어 작별 인사를 하겠습니다. 그러고 나서 최고급 레스토랑에 가서 배불리 먹고, 평소 비싸서 사지 못했던 명품을 사겠습니다.

明日、世界が滅びるとしたら、まず、家族と友達に電話をかけて最後の挨拶をします。そして高級レストランで美味しいものをたくさん食べて、普段は高くて買えなかったブランド品を買いたいと思います。

・滅びる 멸망하다, 망하다

3

제일 아름답고 제일 기억에 남았던 장소에서, 사랑하는 사람들과 마지막 순간을 함께 하고 싶습니다.

人生の中で一番綺麗で記憶に残っている場所で大好きな人達と最後を送りたいです。

당신이 좋아하는 한마디는 무엇입니까?

あなたが好きな一言は何ですか？

┈┈▶ **다른 표현** あなたが好きな言葉は何ですか？

♪ MP3 03_08

1

저는 '꿈'이라는 단어를 좋아합니다. 꿈은 제 인생에 희망을 안겨 주는 단어이기 때문입니다.

私は「夢」という単語が好きです。夢は私の人生に希望を与えてくれる言葉だからです。

· 与える 주다, 부여하다

2

저는 'No pain, No gain'이라는 말을 좋아합니다. 어떤 일이든 공짜로 얻을 수 있는 것은 없습니다. 노력해야만 얻는 것이 많다고 생각합니다.

私は「No pain, No gain」という言葉が好きです。何もかもがタダで得られることはないです。努力したからこそ得るものが多いと思います。

· タダ 무료, 공짜

3

저는 '실패는 성공의 어머니'라는 말을 가장 좋아합니다. 인생이란, 순조롭게 진행되는 일보다 실패하는 일이 오히려 더 많기 때문입니다. 실패를 경험하고, 그 실패에 맞서야지만 비로소 성공 또한 할 수 있다고 생각합니다.

私は「失敗は成功の母」という言葉が一番好きです。人生というのは上手くいくことよりも失敗することの方が多いと思うからです。失敗を経験し、その失敗に向き合ってこそ成功を味わうこともできると思います。

· 上手くいく 잘 되다 · 向き合う 마주 보다, 마주 대하다 · 味わう 맛보다, 체험하다

（ノック）

面接官　どうぞ お入りください。

応募者　失礼いたします。受験番号321番 チョ・ヒョンジョンです。

面接官　どうぞ お座りください。

応募者　はい、失礼します。

面接官　遠くから 来ましたね。大変じゃなかったですか?

応募者　いいえ、御社に 入りたくて 日本語を 勉強しました。このように 面接に 参加できて とても 光栄です。

面接官　日本語が 上手ですね。日本で 留学しましたか?

応募者　ありがとうございます。残念ながら 日本に 留学したことは ありませんが、日本の 文化に 興味が あり、ドラマや 映画のセリフを 覚えたり しながら 勉強しました。

面接官　当社に 入社したら、お住まいは どうする予定ですか?

応募者　はい、御社には 住宅補助が あると お聞きしました。足りない分は ルームメイトを 探して 一緒に 過ごすつもりです。

面接官　日本で 生活することには 問題ありませんか?

応募者　はい、全然 問題ありません。日本は 韓国と 近く、食べ物や 文化も 似ているところが 多いので 心配ありません。

(노크)

면접관   들어오세요.

면접자   실례하겠습니다. 수험 번호 321번 조현정입니다.

면접관   자리에 앉으세요.

면접자   네, 실례하겠습니다.

면접관   멀리에서 왔네요. 힘들지 않았나요?

면접자   아닙니다. 귀사에 들어오고 싶어서 일본어 공부를 했습니다. 이렇게 면접을 볼 수 있어서 정말 영광입니다.

면접관   일본어를 잘하네요. 일본에서 유학을 했나요?

면접자   정말 감사합니다. 아쉽게도 일본에 유학한 적은 없지만, 일본 문화에 흥미를 느껴 드라마나 영화 대사들을 외우면서 공부했습니다.

면접관   우리 회사에 취업하면 집은 어떻게 할 생각인가요?

면접자   네, 귀사에는 주택 보조가 있다고 들었습니다. 부족한 부분은 룸메이트를 구해서 함께 지낼 계획입니다.

면접관   일본에서 생활하는 것은 문제없나요?

면접자   네, 전혀 문제없습니다. 일본은 한국과 가깝고, 먹는 것이나 문화가 비슷한 부분이 많아서 전혀 걱정하지 않습니다.

학교 생활

学校生活

Unit 1-1 고등학교 때, 가장 좋아했던 과목은 무엇입니까?

Unit 1-2 가장 기억에 남는 선생님이 있습니까?

Unit 2-1 대학에서의 전공은 무엇입니까?

Unit 2-2 전공을 선택한 이유는 무엇입니까?

Unit 2-3 대학 시절, 당신의 성적은 어땠습니까?

Unit 3-1 대학 시절, 동아리 활동 경험이 있습니까?

Unit 3-2 대학 시절, 특별한 경험이 있습니까?

Unit 4-1 당신의 졸업 논문 주제는 무엇입니까?

Unit 5-1 당신은 어떻게 일본어를 공부했습니까?

고등학교 때, 가장 좋아했던 과목은 무엇입니까?
高校時代に一番好きな科目は何でしたか?

> **다른 표현** 高校時代、一番興味があった科目は何ですか?

♪ MP3 04_01

1

저는 일본어 수업을 가장 좋아했습니다. 특히 일본어 단어 암기하는 것을 좋아합니다.

私は日本語の授業が一番好きでした。特に日本語の単語を暗記するのが好きです。

2

화학 수업을 좋아했습니다. 그래서 대학에서도 화학공학 전공을 선택했습니다.

化学の授業が好きでした。それで大学での専攻も化学工学を選びました。

3

제가 좋아했던 과목은 역사입니다. 제가 태어나기 전의 세상사에 관심이 많습니다.

私が好きだった科目は歴史です。私が産まれる前の世界の出来事に興味があります。

4

저는 수학을 좋아했습니다. 수학 문제는 이리저리 생각해 본 후에야 정확한 답이 나오기 때문입니다.

私は数学が好きでした。数学の問題はいろいろ考えた末に正確な答えを導き出せるからです。

5

저는 어려서부터 외국어를 좋아했습니다. 외국어를 배우면 그 나라의 문화를 잘 이해할 수 있기 때문입니다.

私は幼いころから外国語が好きでした。外国語を習えばその国の文化をよく理解することができるからです。

・暗記 암기 ・専攻 전공 ・出来事 일, 사건 ・導き出す 이끌어 내다, 도출하다

가장 기억에 남는 선생님이 있습니까?

一番記憶に残る先生はいますか?

--→ **다른 표현** 一番印象に残った先生はいますか?

1

고등학교 3학년 때 담임 선생님이셨던 박종민 선생님이 인상 깊게 남아 있습니다. 국어를 가르쳐 주신 선생님께서는 학생들에게 성적만이 한 사람의 인생을 평가하는 유일한 기준이 아니라는 등 인생에 도움이 되는 충고를 많이 해주셨습니다.

高校3年の時の担任の先生だったパク・ジョンミン先生が印象に残っています。国語を教えてくださった先生は、学生たちに成績だけが「一人の人間の人生を評価する基準ではない」など、人生に役立つアドバイスをしてくださいました。

・担任 담임 ・印象に残る 인상에 남다 ・くださる 주시다(くれる의 존경어) ・成績 성적 ・評価 평가 ・基準 기준 ・役立つ 도움이 되다

2

저는 일본어 선생님이 가장 기억에 남습니다. 선생님께서 수업을 재미있게 해주신 덕분에 일본어를 좋아하게 되었고, 대학에 가서는 일본어를 전공으로 선택하게 되었습니다.

私は日本語の先生が一番記憶に残っています。先生の面白い授業のおかげで日本語が好きになり、大学でも日本語を専攻に選ぶことにしました。

・おかげ 덕택, 덕분

3

저는 지리 선생님이 가장 기억에 남습니다. 선생님께서는 언제나 저희의 고민 상담을 해주셨고, 힘든 일이 생기면 저희 입장이 되어서 항상 따뜻하게 지켜봐 주셨습니다.

私は地理の先生が一番記憶に残っています。先生はいつも相談に乗ってくださり、辛いときにはいつも私たちの身になって暖かく見守ってくださいました。

・辛い 괴롭다 ・身になる (그 사람의) 입장이 되다 ・暖かい 따뜻하다

대학에서의 전공은 무엇입니까?

大学の専攻は何ですか?

다른 표현 あなたは大学で何を専攻しましたか?

♪ MP3 04_03

1

저는 일본어를 전공했습니다. 일본어뿐만 아니라 일본 경제와 정치 전반에 관련된 기본 지식도 공부하였습니다.

私は日本語を専攻いたしました。日本語だけでなく、日本の経済と政治全般に関する知識も身に付けました。

2

저는 관광학을 전공했습니다. 학교에서 배운 많은 유용한 지식을 업무에 잘 활용할 수 있었으면 좋겠습니다.

私は観光学を専攻いたしました。学校で学んだ役立つ知識を業務に活かしたいと思っております。

· 活かす 살리다, 활용하다

3

저는 경제학을 전공하였습니다. 한국 경제의 발전 상황뿐만 아니라, 해외 시장에 대한 실무 학습을 통해 외국의 발전 상황을 이해할 수 있었습니다.

私は経済学を専攻しました。韓国経済の発展状況だけでなく、海外市場に関する実務学習を通じて外国の発展状況も理解することができました。

· 発展 발전 · 状況 상황 · 市場 시장 · 実務 실무

4

저는 항공 서비스를 전공하였습니다. 전공에서는 기내에서의 예절뿐만 아니라, 항공 업계의 전반적인 지식, 항공 실무, 외국어까지 습득할 수 있었습니다.

私はエアラインビジネスを専攻いたしました。機内マナーはもちろん、航空業界全般にわたる知識、航空実務、外国語まで身に付けることができました。

· 航空 항공 · わたる (~까지) 미치다, 이르다

전공을 선택한 이유는 무엇입니까?

専攻を選んだ理由は何ですか?

다른 표현 専攻を選択した理由を教えてください。

🎵 MP3 04_04

1

중학생 시절, 학교에서 방송부원으로 활동한 경험이 있습니다. 그 경험을 통해 저는 사람들 앞에서 말하는 것에 흥미를 갖게 되었습니다. 그래서 대학교 전공도 방송학과를 선택했습니다.

中学時代、学校で放送部員として活動した経験があります。その経験を通じて私は人前で話すことに興味を持ちました。それで大学の専攻も放送学科を選択しました。

・興味を持つ 흥미를 가지다

2

저는 어려서부터 컴퓨터에 열중하는 때가 많았습니다. 특히 컴퓨터가 고장 났을 때, 제가 직접 고치고 나면 굉장히 기분이 좋았습니다. 그래서 컴퓨터공학을 전공으로 선택하게 되었습니다.

幼いころからパソコンに夢中になる時が多かったです。特にパソコンが壊れて、自分で直した時は、とても嬉しかったです。その理由からコンピューター工学を専攻に選ぶことになりました。

・夢中 열중함, 몰두함 ・壊れる 부서지다, 고장 나다

3

고등학생 때부터 경제학을 좋아했습니다. 경제학 수업을 통해, 한국의 경제 정책을 이해할 수 있다는 것 역시 제가 경제학과를 선택하게 된 이유 중 하나입니다.

高校時代から経済学が好きでした。経済学の授業で韓国の経済政策を理解できるというのも私が経済学科を選んだ理由のうちの一つです。

・政策 정책

4

저는 외국어 공부하는 것을 좋아해서 영어를 전공으로 선택하고, 일본어를 부전공하였습니다.

私は外国語を勉強するのが好きで英語を専攻に選び、日本語を副専攻しました。

⑤

사회 발전과 함께 국제경영학을 전공하는 학생들이 많이 필요할 것으로 생각해서, 국제학을 전공하게 되었습니다.

· ·

社会発展と共に国際経営学を専攻する学生たちが多く必要とされると思い、国際学を専攻いたしました。

⑥

저는 유아교육학과를 졸업했습니다. 어려서부터 어린아이들을 좋아했기 때문에, 유아교육을 전공으로 선택하였습니다. 전공을 통해 아이들에게 다가가는 방법이나 소통하는 방법 등을 배웠고, 저 자신도 더욱 부드러워진 것 같은 느낌이 듭니다.

· ·

私は幼児教育学科を卒業しました。幼いころから子供が大好きで、幼児教育を選択いたしました。その専攻で子供たちとの接し方やコミュニケーションのし方などを学び、私自身ももっと優しくなった気がします。

· 幼児 유아 · 接し方 접하는 방법

Unit 2-3

대학 시절, 당신의 성적은 어땠습니까?

大学時代、あなたの成績はどうでしたか？

♪ MP3 04_05

1 그다지 좋지 않았습니다. 하지만 그만큼 다양한 방면에서 사회 경험을 쌓았기 때문에 후회는 하지 않습니다.

あまりよくありませんでした。ですが、その分、色んな場面で社会経験をしたので後悔はしていません。

・後悔 후회

2 좋은 편입니다. 학교 다닐 때 많은 활동에 참여하였지만, 최선을 다해 노력한 결과, 좋은 성적을 거둘 수 있었습니다.

良かった方だと思います。学生時代に色んなことに参加しましたが、一生懸命努力していい成績を収めることができました。

・収める 거두다, 얻다

3 성적은 그다지 좋지 않을 지도 모릅니다. 그 부분은 반성하고 있습니다. 하지만 해외 봉사 활동에 참여함으로써, 남을 돕는 일의 중요성과 성취감을 느낄 수 있었고, 외국어 공부도 할 수 있었습니다.

成績はよくなかったかもしれません。それは反省しています。でも、海外のボランティア活動に参加することで人を助けることの大切さややりがいを感じましたし、外国語の勉強もできました。

・助ける 돕다, 구조하다 ・大切さ 중요성, 소중함 ・やりがい 보람, 할 만한 가치

4장 학교 생활 **53**

대학 시절, 동아리 활동 경험이 있습니까?

大学時代、サークル活動経験はありますか?

→ **다른 표현** 大学生の時、クラブ活動経験はありますか?

🎵 MP3 04_06

① 저는 대학 시절, 학교 봉사 활동에 참여했습니다. 양로원에 가서 어르신들을 돌보아 드린 적이 있습니다. 처음에는 서로 서먹서먹하기도 했습니다만, 금세 친해져서 가족 같은 사이가 되었습니다. 마지막에 돌아갈 때에는 손을 꼭 잡고 놓아주시지 않아 힘들었던 기억이 있습니다. 헤어질 때는 제 마음도 너무 아팠습니다. 몇 년간의 봉사 활동은 타인과의 인간관계의 소중함을 일깨워 주었습니다.

私は大学時代、学校のボランティア活動に参加しました。老人ホームを訪ね、ケアをしたことがあります。最初はお互いにぎこちなかったですが、すぐ親しくなって家族のようになりました。最後に帰ろうとした時は手を握ったままはなしてくれなくて困った記憶があります。私も別れるときには胸が痛みました。この数年間のボランティア活動は他人との人間関係の大切さを教えてくれました。

· 老人ホーム 노인 홈, 양로원 · 訪ねる 찾다, 방문하다 · ぎこちない 어색하다, 딱딱하다 · 手を握る 손을 잡다
· 胸が痛む 가슴이 아프다

② 대학을 다니면서, 저는 스포츠 동아리 활동을 했습니다. 매주 일요일에 축구, 야구, 수영 등의 활동을 하면서 매 학기 한 가지의 운동을 배우는 것을 목표로 삼았습니다. 3년간의 동아리 활동을 마친 지금은 대부분의 운동을 할 수 있게 되었고, 건강에도 자신이 있습니다.

大学に通いながら、私はスポーツのサークル活動をしました。毎週日曜日にサッカー、野球、水泳などをしながら学期ごとに一つの運動を習うことを目標としました。3年間のサークル活動を終えた今は大体のスポーツができるようになりましたし、健康にも自信があります。

· 〜ごとに 〜마다 · 目標 목표 · 大体 대체로, 대다수

3

저는 영어 독서 동아리에 소속되어, 매달 영어 책 한 권을 정해서 다 같이 읽고, 감상문을 써서 발표했습니다. 처음에는 영어 책을 읽고 영어로 글을 쓰는 것이 너무 어려웠지만, 한 학기가 지나고 나서는 자연스럽게 영어 책을 읽고 감상문을 쓸 수 있게 되었습니다. 그래서 저는 일본어를 전공했지만, 영어로도 제 생각을 표현할 수 있습니다.

私は英語の読書クラブに所属しており、毎月英語の本を一冊決めておき皆で読んだ後、感想を書いて発表いたしました。最初は英語の本を読んで英語で感想を書くことがとても難しかったですが、1学期が過ぎてからは英書をすらすら読んだり感想文を書いたりすることができるようになりました。それで私は日本語を専攻したにもかかわらず、英語でも自分の考えを述べることができます。

· クラブ 클럽, 동아리 · 所属 소속 · 感想(文) 감상(문) · すらすら 술술, 거침없이 · 〜にもかかわらず 〜임에도 불구하고 · 述べる 말하다, 진술하다

4

저는 학교 광고동아리의 리더였습니다. 광고 동아리는 학교를 대표하는 조직으로, 저희는 여러 방식으로 학교를 홍보하기 위해 노력했습니다. 이러한 동아리 활동을 통해서, 저는 마케팅 기초 지식을 쌓았을 뿐 아니라, 커뮤니케이션 능력까지 향상시킬 수 있었습니다. 저는 이 활동이 나중에 제가 일을 하는 데 큰 도움이 될 거라고 생각합니다.

私は学校の広告サークルのリーダーでした。広告サークルは学校を代表する組織で、私たちはいろんな方法で学校のPRに努めました。このようなサークル活動を通してマーケティングの基礎知識を学んだり、コミュニケーション能力も向上させることができました。このようなことが今後の仕事につながり、大きく役に立つと思います。

· 組織 조직 · 努める 노력하다, 힘쓰다 · マーケティング 마케팅 · 基礎 기초 · つながる 이어지다, 연결되다

대학 시절, 특별한 경험이 있습니까?

大学時代の特別な経験はありますか?

다른 표현 大学時代の特別な経験を持っていますか?

♬ MP3 04_07

1

저는 1년간 레스토랑에서 아르바이트를 한 경험이 있습니다. 이를 통해 접객 서비스에 대해 배울 수 있었습니다.

私は1年間レストランでアルバイトをした経験があります。その経験で接客サービスについて学ぶことができました。

・接客 접객

2

저는 야구장과 축구장에서 아르바이트했던 경험이 있습니다. 활발한 성격 덕분에 서비스 업무가 저에게 잘 맞았습니다. 또한, 시야를 넓히고자 혼자서 유럽으로 배낭여행도 다녀왔습니다. 여행을 통해 갑작스럽게 발생하는 일들을 어떻게 대응하고 처리해야 하는지를 배울 수 있었습니다. 이러한 경험들은 차후에 제가 일을 하게 되었을 때 침착하고 즐겁게 일을 하는 데에 도움이 될 것이라고 생각합니다.

私は野球場とサッカースタジアムでアルバイトをした経験があります。明るい性格のおかげなのか、サービス業務は私にはぴったりでした。そして視野を広げるために一人でヨーロッパへバックパック旅行をしたこともあります。旅で突然起こることにどのように対応し、処理すればいいかを学ぶことができました。このような経験は今後、仕事に就いた時に、落ち着いて楽しく仕事をするのに役立つと思います。

・スタジアム 스타디움, 경기장 ・ぴったり 꼭 맞는 모양, 딱 ・視野を広げる 시야를 넓히다 ・バックパック 백팩(backpack), 배낭 ・旅 여행 ・突然 돌연, 갑자기 ・起こる 일어나다, 발생하다 ・就く 취직하다, 종사하다

3

대학교 3학년 때 한국무역보험공단에서 2달간 인턴을 하였습니다. 주요 업무는 해외투자부서의 업무와 일본과 미국의 해외 무역투자보험 규정을 번역하는 것이었습니다. 그곳에서 현장 경험을 쌓을 수 있었을 뿐만 아니라 업무 태도 등 학교에서 배울 수 없는 것들을 공부할 수 있었습니다.

大学3年生の時に韓国貿易保険公団で2ヶ月間インターンシップをしました。主な仕事は、海外投資部署での業務と日本とアメリカの海外貿易投資保険規定の翻訳でした。そこで現場での経験も積み、業務態度など学校では学ぶことができないことを学びました。

・主 주됨, 주요함 ・規定 규정 ・積む 쌓다, (차・배 따위에) 싣다

4

일본에서 유학 생활을 할 때, '레오니다스'라는 벨기에 수입 초콜릿 가게에서 4년 동안 아르바이트를 한 적이 있습니다. 그곳에서 일본인들의 업무 방식과 생활 방식을 이해했습니다. 처음에는 그들의 업무 방식이 잘 이해되지 않았지만, 차차 그들의 태도와 생각을 이해하게 되었습니다. 그리고 일본인들의 서비스 정신과 접객 서비스 매너에 대해서도 배울 수 있었습니다. 이 경험은 일본어도 자연스럽게 습득하고, 일본인들의 생활까지 이해할 수 있었던 일석이조의 소중한 경험이었습니다.

日本で留学した時、「レオニダス」というベルギーチョコレートの店で4年間アルバイトをしたことがあります。そこで日本人の働き方と、ライフスタイルを理解するようになりました。最初は彼らの業務スタイルがよく理解できなかったのですが、だんだん彼らの態度と考え方を理解するようになりました。そして日本人のサービス精神と接客サービスマナーについても学ぶことができました。この経験は日本語も自然に身に付き、日本人の生活まで理解することができた一石二鳥の大切な経験でした。

・だんだん 점점, 차차 ・一石二鳥 일석이조

⑤

제가 상해에서 어학연수를 하는 동안 한국 무역회사에서 4개월간 인턴 생활을 할 기회가 있었습니다. 비록 짧은 시간이었지만 인턴 생활을 통해 경험을 쌓았을 뿐만 아니라 외국 문화도 체험할 수 있었습니다. 그 경험은 제게 깊은 인상을 남기게 되어 기회가 된다면 해외에서 꼭 일해 보고 싶습니다.

私が上海で語学留学をしている間、韓国の貿易会社で4ヶ月間インターンシップをする機会がありました。短い時間ではありましたが、インターンシップを通じて経験を積んだだけでなく、外国の文化も体験することができました。その経験は私に深い印象を残したので、機会があれば是非とも海外で働いてみたいです。

· 是非とも 꼭, 무슨 일이 있어도

⑥

대학교 2학년 때, 교환 학생으로 오사카에 갔습니다. 그곳에서 유창한 일본어를 말할 수 있게 된 것은 물론, 일본인의 생활 방식과 일하는 방식까지 깊게 이해할 수 있었습니다. 그렇기 때문에 저는 일본 손님들에게 세세한 부분까지 배려하는 서비스를 제공할 수 있다고 생각합니다.

大学2年生の時に交換留学生として大阪に行きました。そこで流暢に日本語が話せるようになったのはもちろん、日本人のライフスタイルと仕事のやり方まで深く理解することができました。そのため私は日本のお客様に細かいところまで気を配るサービスができると思います。

· 流暢 유창함 · 細かい 잘다, 미세하다

⑦

저는 대만에서의 어학연수 기간 동안 해외 봉사 활동에 참여하면서 외국인과의 의사소통 능력을 기를 수 있었으며, 그와 더불어 외국인들의 삶의 태도를 이해할 수 있었습니다. 이는 제가 더 힘낼 수 있는 자극이 되었습니다.

私は台湾での語学留学期間中、海外ボランティア活動に参加して、外国人とのコミュニケーション能力をアップさせ、それとともに外国人達のライフスタイルまで理解するようになりました。それは自分がもっと頑張れる刺激にもなりました。

당신의 졸업 논문 주제는 무엇입니까?

あなたの卒業論文のテーマは何ですか?

다른 표현 卒論のテーマは何ですか? ※卒論 → 卒業論文의 준말

♪ MP3 04_08

① 한국 경제와 일본 경제의 의존성을 주제로 논문을 썼습니다.

韓国経済と日本経済の依存性をテーマに論文を書きました。

② 한국과 북한의 언어습관 차이에 대해 썼습니다.

韓国と北朝鮮の言語習慣の違いについて書きました。

③ 1980년대 홍콩 영화가 한국 영화 산업에 끼친 영향에 대해 썼습니다.

1980年代の香港の映画が韓国映画産業に及ぼした影響について書きました。

④ 한국인이 어떻게 일본어를 효과적으로 습득하는지에 대해 논문을 썼습니다.

韓国人がどのように日本語を効果的に習得するかについて論文を書きました。

·**違い** 틀림, 차이 · **及ぼす** (피해 · 영향 등을) 미치다, 끼치다

당신은 어떻게 일본어를 공부했습니까?

あなたはどうやって日本語を勉強しましたか?

• **다른 표현** あなたはどのように日本語の勉強をしましたか?

♪ MP3 04_09

1

저는 학원에서 일본어를 배웠고, 지금은 제 생각을 일본어로 표현할 수 있는 정도가 되었습니다.

私は日本語教室で日本語を学び、今は自分の考えを日本語で表現できるまでになりました。

> **tip**
> 주로 학생들이 가는 사설 학원을 塾라고 하고, 일반인들이 배움을 목적으로 다니는 곳은 教室 또는 スクール 라는 표현을 사용한다.

2

저는 ○○대학교 경제학과를 졸업했고 동경외국어대학교에서 1년 동안 일본어 어학연수를 했습니다. 그래서 제 일본어 발음은 정확한 편입니다.

私は ○○大学経済学科を卒業して、東京外国語大学で1年間日本語の語学研修を受けました。それで私の日本語の発音は正確な方だと思います。

3

저는 일본 학생들과 함께 일본어를 공부했습니다. 그들은 저에게 일본어를 알려 주었고, 저는 그들에게 한국어를 알려 주었습니다. 매우 재미있었습니다.

私は日本の学生と一緒に日本語の勉強をいたしました。彼らは私に日本語を教えてくれ、私は彼らに韓国語を教えてあげました。とても楽しかったです。

4

대학 시절, 교환학생으로 일본에 유학을 다녀왔습니다. 유학을 다녀온 후 지금까지도 열심히 일본어를 공부하고 있기 때문에 일본어에 자신이 있고 기본적으로 듣고 말하기에는 문제가 없습니다.

大学時代、交換留学生として日本で留学をしました。留学から帰って来た今でも一生懸命日本語を勉強しているので日本語には自信があり、基本的に聞いたり話したりすることには問題ありません。

일본어 특기 하나로 나의 디메리트(demerit)를 메리트(merit)로!
저학력, 적지 않은 나이로 일본 대기업 승무원 되기!

저는 2005년, 일본 도쿄에서 전문학교를 졸업하그 취업 활동을 시작했습니다. 그러나 당시는 일본의 '취업 빙하기'로 일본인들조차 취업이 여의치 않았고, 더군다나 외국인인 제가 취업하는 것은 무척이나 어려운 일이었습니다.

결국 일본에서의 취업 도전은 실패하였고, 비자가 만료되어 저는 한국으로 돌아와서 취업 준비를 시작했습니다. 하지만 이번에는 학력이 제 발목을 잡았습니다. 대부분의 한국 기업이 고학력 위주의 채용 조건을 요구하였기에 전문학교 출신이었던 저는, 희망하는 기업에 지원조차 할 수 없었습니다. 능력 위주의 일본 사회에서는 학력의 차이를 그렇게 높은 벽이라고는 느끼지 못했었지만, 한국에서의 취업은, 학력란을 채우는 것부터가 난관이었습니다. 길본에서보다 더 많은 회사에 이력서를 제출했고 수없이 고배를 마셨지만, 취업을 위한 노력을 거듭해 온 덕인지, 저에게도 드디어 기회가 왔습니다. 일본어 능력을 높게 평가받아 당시 일본 노선 취항을 목표로 했던 국내 최초의 저비용항공사인 한성항공 (現 t'way항공)에 객실 승무원으로 입사하게 된 것입니다.

하지만, 취업의 기쁨을 누린 것도 잠깐, 회사의 사정으로 퇴사를 하게 되었고 다시 도전이 시작되었습니다. 일본 회사는 비교적 학력보다는 능력을 더 중시한다는 것을 알고 있었기에 이번에는 한국에 진출한 일본 기업으로 목표를 좁혔습니다. 물론 한국 회사 못지않게 까다롭게 학력을 보는 일본 기업도 많았습니다만, 운이 좋게도 주위로부터 일본어 실력을 인정받아, 삼성 계열의 대기업 일본어 강사 제안을 받고, 일과 취업 활동을 병행할 수 있었습니다.

그렇게 한동안 일과 취업 활동을 병행하던 중, 일본을 대표하는 항공사의 '항공기 내 통역 승무원'이라는 직업을 알게 되었습니다. 처음에는 생소하게 느껴졌지만, 말 그대로 한·일 노선 항공기에 탑승하여 한국어 기내 방송 업무 및 승객과 승무원 간의 원활한 의사소통을 위한 통역 업무를 담당하는 직업이었고, 과거의 승무원 경험과 다수의 통·번역 경험이 있었던 저에게는 최적의 직업이라 생각했습니다.

그럼 어떻게 일본 대기업의 승무원으로 취업할 수 있었냐고요?

1. 확실한 나만의 목표를 세우자!

저는 '틈새시장'을 공략했습니다. 저의 특기인 일본어 능력과 적성에 맞는 서비스업, 그리고 다년간 해왔던 통역 업무까지 살릴 수 있는 일을 찾던 중 '항공기 내 통역 승무원'이라는 직업을 알게 되었고, 그 직업을 목표로 잡아 열심히 그리고 꼼꼼하게 면접 준비를 하였습니다.

우선, 도전하고자 하는 업무의 특성을 파악했습니다. 통역승무원이란, 말 그대로 '통역'을 전문으로 하는 직업이기 때문에 첫 번째로는 높은 일본어 실력이 최우선으로 요구되고, 두 번째로는 기내에서의 서비스 마인드가 중요시된다는 것을 알고, 이 두 가지 포인트를 중점으로 열심히 노력했습니다.

2. 나만의 무기인 일본어로 면접 준비를 열심히 하자!

우리말을 잘한다고 면접을 잘 볼 수 있는 것이 아니듯, 단순히 일본어를 잘한다고 해서 일본어 면접을 잘 볼 수 있는 것은 아닙니다. 우리말로 대답할 수 없는 질문들은 일본어 실력이 아무리 뛰어나다고 해도 대답할 수 없습니다.

우선, 우리말로 면접에서 나올 만한 예상 질문들을 뽑아, 나만의 대답을 만들고 그 대답을 일본어로 바꾸어서 면접 준비를 했습니다. 일본어뿐만 아니라, 외국어를 공부한 사람이라면 누구나 공감할 만한 이야기이지만, 각 언어에는 저마다 특성이 있습니다. 일본어는 우리말과 달리, 단정적인 표현을 피하는 경향이 있고, 자신을 낮추어 말하는 겸양의 표현을 자주 사용합니다. 저는 이러한 특징을 파악하고, '나만의 일본어 모범 답변'을 만들어 반복해서 연습했습니다.

3. 지피지기면 백전백승! 적을 알고 나를 알면 백 번 싸워도 백 번 이긴다!

목표로 세운 기업에 취업하기 위해서는, 지원하고자 하는 기업과 업계를 대상으로 '기업 연구(企業研究)'를 해야 합니다. 저의 경우에는 일본의 항공사 취업이 목표였기 때문에, 일본의 항공업계와 항공사에 대해 중점적으로 기업연구를 했습니다. 일본 항공사의 일본 사이트와 한국 사이트를 번갈아 가며 기업 이념, 연혁 등의 기본적인 기업 지식은 물론, 한국의 항공업계 전반에 걸친 동향까지 파악하려고 노력했습니다. 그리고 한국과 일본의 외교적 상황까지 파악하여, 면접에서 나올 수 있는 한일 관계에 대한 예상 질문에 대비하였습니다. 뿐만 아니라, 그동안 면접에서 개인적으로 대답하기 힘들었던 질문들을 정리해서 당황하지 않고 답할 수 있도록 몇 번이고 연습했습니다.

그리고 마지막으로 승무원의 기본 자질인 '봉사 정신', '배려', '따뜻한 마음', 그리고 '하늘 위의 천사'라고 불릴 만큼 환하고 예쁜 미소를 잃지 않도록 노력했습니다. 이건 서비스직뿐 아니라 사무직을 비롯한 모든 지원자에게 필요한 '인성 요소'라고 생각합니다.

이렇게 저는 디메리트를 메리트로 바꿀 수 있었고, 당당히 일본을 대표하는 항공사의 기내 통역 승무원이라는 꿈에 날개를 달았습니다. 그리고 최선을 다해 기내 서비스를 한 결과, 승무원으로 4년간 근무하는 동안, 많은 고객이 항공사에 감사 편지를 보내 주셨고 그 결과 회사로부터 표창장까지 수여받는 영광을 얻을 수 있었습니다.

2018년 현재, 학력 위주 사회였던 대한민국도 점차 능력 위주 사회로 변화하고 있습니다. 그리고 외국인에게 꽁꽁 닫혀 있었던 일본 취업의 문도 이제는 누구에게나 활짝 열려 있습니다.

자, 이제 여러분의 차례입니다! 여러분도 할 수 있습니다! 여러분의 꿈의 날개를 달고, 활짝 펼칠 수 있기를 간절히 바라고 또 응원합니다.

일본 기업 취업! 당장 도전해 보세요! 감밧떼!

5장

취미 및 특기

しゅみ とくぎ
趣味と特技

Unit 1-1

취미가 무엇입니까?
あなたの趣味は何ですか?

다른 표현 あなたの趣味について話してください。

🎵 MP3 05_01

1

저는 어렸을 적부터 할아버지께 바둑을 배워 바둑 두는 것을 매우 좋아합니다. 고등학생 시절, 반 친구들로부터도 제 바둑 실력을 인정받았고, 반을 대표해서 교내 바둑 대회에 참가해 수상한 적도 있습니다.

私は子供の頃から祖父に囲碁を教わり、囲碁が大好きです。高校時代、クラスのみんなからも囲碁の実力を認められ、クラスを代表して校内囲碁大会に参加し、賞をもらったこともあります。

・囲碁 바둑 ・教わる 배우다, 가르침을 받다 ・認める 인정하다

2

저는 자동차를 매우 좋아합니다. 그래서 브랜드, 디자인, 성능 등 차에 대한 것이라면 모두 기꺼이 공부합니다. 제가 가장 좋아하는 차종은 스포츠카입니다.

私は車が大好きです。それで車のブランド、デザイン、性能など、車に関することなら何でも喜んで勉強します。私が一番好きな車種はスポーツカーです。

・喜んで 기쁘게, 기꺼이

3

저는 독서를 좋아해서 매주 도서관에 가서 책을 빌립니다. 철학책이나 명작을 좋아합니다. 책을 읽으면 마음이 안정될 뿐만 아니라 지식도 쌓을 수 있습니다. 책은 저의 좋은 친구입니다.

私は読書が好きで毎週図書館で本を借ります。哲学の本と名作が好きです。本を読んだら、心が落ち着くし知識も得ることができます。本は私のいい友達です。

・哲学 철학

4

저는 테니스를 좋아합니다. 어린 시절 형이 테니스를 치는 모습을 자주 보았고, 그 박력있는 경기는 매우 매력적이었습니다. 그때부터 저는 테니스를 좋아하게 되었고, 지금은 매주 친구나 가족들과 함께 테니스를 치러 갑니다. 테니스 선수 중에서는 한국인 최초로 메이저 대회 4강 진출의 쾌거를 이룬 정현 선수를 가장 좋아합니다.

· ·

私はテニスが好きです。子供の頃、兄がテニスをする姿をよく見ており、そのプレーの迫力はとても魅力的でした。その時から私はテニスが好きになり、今は毎週友達や家族と一緒にテニスをします。テニス選手の中では韓国人初のメジャーベスト4進出への快挙を成し遂げたチョン・ヒョン選手が一番好きです。

· 姿 모양, 모습 · 迫力 박력 · 魅力的 매력적 · 快挙 쾌거

5

저의 취미는 야구관람입니다. 야구장에만 가면 가슴이 뜁니다. 이유는 모르겠지만, 저는 줄곧 야구 경기 보는 것을 좋아했습니다. 침울할 때나, 고민이 있을 때, 야구장에 가서 큰 소리로 응원을 하고 나면, 모두 잊을 수 있습니다.

· ·

私の趣味は野球観戦です。野球場に行ったらいつも胸がドキドキします。理由は分かりませんが、私は昔から野球を見るのが好きでした。落ち込んだ時や悩みごとがある時に野球場に行って大声で応援したら、全てを忘れることができます。

· 観戦 관전 · ドキドキ 두근두근 · 大声 큰 소리 · 応援 응원

자신의 특기를 설명해 보세요.

あなたの特技について話してください。

●‑‑‑‑● **다른 표현** あなたの特技は何ですか?

🎵 MP3 05_02

1

저는 피아노를 잘 칩니다. 때때로 피아노를 치면서 스트레스를 해소하기도 합니다.

私はピアノを弾くのが得意です。時々、ピアノを弾きながらストレスを解消します。

・弾く 악기를 연주하다, 치다 ・得意 득의, 잘함

2

저는 일본어를 유창하게 말할 수 있습니다. 대학 시절 일본에서 1년간 어학연수를 하면서 많은 일본 친구를 사귀었습니다. 한국에 돌아온 뒤에는 일본어능력시험(JLPT) N1급을 취득하였습니다.

私は日本語が流暢に話せます。大学時代、日本で1年間語学留学をしながら、多くの日本人と友達になりました。韓国に戻ってからは日本語能力試験(JLPT) N1級を取得しました。

3

작년, 저는 동경외국어대학교 외국어학부에서 일본어를 공부했습니다. 15살 때에는 교환 학생으로 미국에 건너가 그곳에서 고등학교를 졸업했습니다. 그래서 일본어뿐만 아니라 영어도 유창하게 할 수 있습니다.

去年、私は東京外国語大学の外国語学部で日本語を勉強しました。15歳のときには交換留学生としてアメリカに行き、そこで高校を卒業しました。それで日本語だけでなく、英語も流暢に話せます。

4

저의 아버지께서 외교관이셨기 때문에 15살까지 외국에서 살았습니다. 그래서 영어를 잘하고, 외국인과 유창하게 대화할 수 있습니다.

父が外交官だったので15歳まで海外で過ごしました。それで英語が得意で、外国人とも流暢に話すことができます。

⑤ 저는 컴퓨터를 능숙하게 다룰 수 있습니다. 특히 엑셀, 워드, 파워포인트 등과 같은 소프트웨어를 제대로 활용할 수 있을 뿐만 아니라 소프트웨어나 하드웨어에 자주 발생하는 문제들을 스스로 해결할 수 있습니다.

私はパソコンを上手く扱うことができます。特にエクセル、ワード、パワーポイントのようなソフトウェアを上手く活用できるだけでなく、ソフトウェアやハードウェアによく起こるトラブルを自分で解決することもできます。

・扱う 다루다, 취급하다

⑥ 저는 운동 신경이 좋은 편이어서 운동하는 것을 매우 좋아합니다. 특히 수영을 잘하며 대학생 때는 여름 방학 동안 체육관에서 아이들에게 수영을 가르치는 아르바이트를 하기도 했습니다.

私は運動神経が良くて、運動することが大好きです。特に泳ぎが得意なので大学生の時には夏休み期間中は体育館で子供たちに水泳を教えるアルバイトをしていました。

・泳ぎ 수영, 헤엄

가장 기억에 남는 영화는 무엇입니까?

今<small>いま</small>まで見<small>み</small>た映画<small>えいが</small>の中<small>なか</small>で、一番記憶<small>いちばんきおく</small>に残<small>のこ</small>っている映画<small>えいが</small>は何<small>なん</small>ですか?

➤ **다른 표현** 今<small>いま</small>まで見<small>み</small>た中<small>なか</small>で、印象<small>いんしょう</small>に残<small>のこ</small>った映画<small>えいが</small>はありますか?

🎵 MP3 05_03

1

저는 애니메이션을 매우 좋아합니다. 특히, 일본의 스튜디오 지브리의 애니메이션을 좋아합니다. 그중에서도 가장 기억에 남는 영화는 30여 년 전에 상영한 〈이웃집 토토로〉로, 지금도 가끔씩 보는 영화입니다

私<small>わたし</small>はアニメが大<small>だい</small>好<small>す</small>きです。特<small>とく</small>に日本<small>にほん</small>のスタジオジブリのアニメが好<small>す</small>きです。その中<small>なか</small>でも記憶<small>きおく</small>に残<small>のこ</small>っているのは約<small>やく</small>30年前<small>ねんまえ</small>に公開<small>こうかい</small>された「となりのトトロ」で今<small>いま</small>でもたまに見<small>み</small>るアニメです。

· アニメ 애니메이션(アニメーション의 준말)

2

가장 인상 깊었던 영화는 〈타이타닉〉입니다. 〈타이타닉〉은 실제로 일어난 침몰 사고를 바탕으로 그려진 영화라서 더욱 감동을 전해주었습니다. 특히 주인공 로즈와 잭의 유명한 뱃머리 신이 가장 기억에 남습니다.

私<small>わたし</small>にとって最<small>もっと</small>も印象深<small>いんしょうぶか</small>い映画<small>えいが</small>は「タイタニック」です。「タイタニック」は実際<small>じっさい</small>に起<small>お</small>こった沈没事故<small>ちんぼつじこ</small>を基<small>もと</small>に描<small>えが</small>かれた映画<small>えいが</small>で、より感動<small>かんどう</small>を与<small>あた</small>えてくれました。特<small>とく</small>に主人公<small>しゅじんこう</small>のローズとジャックの船首<small>せんしゅ</small>での有名<small>ゆうめい</small>なシーンが最<small>もっと</small>も記憶<small>きおく</small>に残<small>のこ</small>っています。

· 沈没<small>ちんぼつ</small> 침몰 · 船首<small>せんしゅ</small> 뱃머리 · シーン 신(Scene), 영화 장면

3

저는 성룡 영화를 좋아합니다. 그가 주연한 대부분의 영화를 보았는데, 성룡의 영화에는 웃음과 감동이 있어서 좋습니다. 영화를 찍을 때, 아무리 위험한 장면이라도 대역 없이 직접 연기를 하는 그의 모습을 보면, 영화에 대한 그의 열정이 느껴집니다.

私<small>わたし</small>はジャッキーチェンの映画<small>えいが</small>が好<small>す</small>きです。彼<small>かれ</small>が主演<small>しゅえん</small>した映画<small>えいが</small>はほとんど見<small>み</small>ましたが、彼<small>かれ</small>の映画<small>えいが</small>には面白<small>おもしろ</small>さも感動<small>かんどう</small>もあるので好<small>す</small>きです。映画<small>えいが</small>を撮影<small>さつえい</small>する時<small>とき</small>に、いくら危険<small>きけん</small>な場面<small>ばめん</small>でも代役<small>だいやく</small>なしで直接演<small>ちょくせつえん</small>じる彼<small>かれ</small>の姿<small>すがた</small>を見<small>み</small>ていると、映画<small>えいが</small>に対<small>たい</small>する彼<small>かれ</small>の情熱<small>じょうねつ</small>が感<small>かん</small>じられます。

· ほとんど 대부분, 거의 · 面白<small>おもしろ</small>さ 재미, 흥미 · 撮影<small>さつえい</small> 촬영 · 代役<small>だいやく</small> 대역 · 演<small>えん</small>じる 연기를 하다

4

저는 봉준호 감독의 영화를 가장 좋아합니다 그는 한국에서 가장 유명한 감독 중 하나로, 그가 찍은 영화는 다 봤습니다. 그 중에서도 〈마더〉, 〈괴물〉, 〈설국열차〉 가 기억에 남습니다. 그리고 최근 개봉한 〈옥자〉 도 매우 좋아합니다.

───────────────────────────────

私はポン・ジュノ監督の映画が一番好きです。彼は韓国で最も有名な監督の一人で彼が撮った映画は全て見ました。その中でも「母なる証明」「グエムル‐漢江の怪物」「スノーピアサー」が記憶に残っています。そして最近公開された「オクジャ」も好きです。

· 監督 감독

5

저는 예전에 〈관상〉이라는 영화를 봤습니다. 0 영화의 주요 내용은 얼굴을 통해 한 사람의 인생을 간파할 수 있다는 것입니다. 영화에서는 관상의 중요성과 부작용을 동시에 표현하고 있습니다. 특히 남자 주인공의 연기가 아주 훌륭해서 인상적이었습니다. 이 영화를 아직 보시지 않으셨다면 한 번 보시길 강력히 추천합니다.

───────────────────────────────

私は以前、「観相」という映画を見ました。この映画の主な内容は顔を見て一人の人間の人生を見抜くことができるというものでした。映画では人相の重要性と同時にその反面、悪いところも表現しています。特に主演男優の演技がとても上手で印象的でした。まだ、この映画を見ていない方には是非、見て欲しいです。おすすめします。

· 観相 관상 · 見抜く 간파하다, 꿰뚫어보다 · 人相 인상, 관상 · 主演男優 남자 주인공 · ～て欲しい ～하기를 바라다 · おすすめ 권유, 추천

당신이 좋아하는 스포츠는 무엇입니까?

あなたが好きなスポーツは何ですか?

- **다른 표현** あなたはどんなスポーツが好きですか?

♫ MP3 05_04

1

제가 가장 좋아하는 스포츠는 배드민턴입니다. 배드민턴은 체력을 단련할 수도 있고, 정신 건강에도 좋습니다. 저는 배드민턴 선수 중 올림픽 금메달리스트인 이용대 선수를 가장 좋아하며, 그의 경기를 볼 때마다 항상 손에 땀을 쥡니다.

私が最も好きなスポーツはバドミントンです。バドミントンは身体を鍛えることができ、精神的にもいいスポーツだと思います。バドミントンの選手の中ではオリンピック金メダリストのイ・ヨンデ選手が一番好きで、彼のプレーを見るたびに手に汗を握ります。

・ 手に汗を握る 손에 땀을 쥐다

2

저는 등산을 좋아합니다. 등산은 건강에 좋을 뿐만 아니라, 스트레스 해소에도 도움이 됩니다. 그래서 저는 매주 일요일마다 근교로 등산을 갑니다.

私は山登りが好きです。山登りは健康にもよく、ストレス解消にもなります。それで私は毎週日曜日には近くの山に行きます。

・ 山登り 등산, 산에 오름

> **tip** 일본어의 '등산'에는 「山登り」와 「登山」 두 가지 표현이 있다. 둘 다 같은 표현으로 음독과 훈독의 차이이지만, 「山登り」는 가벼운 차림과 가벼운 마음으로 뒷산을 오르는 듯한 뉘앙스이고, 「登山」은 「エベレスト登山」과 같이 전문적으로 완벽한 장비들을 다 갖추고 높은 산에 오르는 듯한 뉘앙스이다.

3 저는 축구 경기 보는 것을 매우 좋아합니다. 저는 운동을 직접 하는 것보다는 TV로 보거나 경기장에 가서 관람하는 것을 더 좋아합니다. 한국이 4강에 진출했던 2002년 월드컵 당시, 한국팀을 응원하기 위해 직접 경기장을 찾았던 것이 가장 기억에 남습니다.

私はサッカーを見ることが大好きです。自分でサッカーするよりもテレビやサッカースタジアムに行って観戦することが好きです。韓国がベスト4に入った2002年のワールドカップの時に韓国チームを応援するためにサッカースタジアムに行ったことが一番記憶に残っています。

4 저는 농구를 좋아합니다. 어렸을 적 어머니께서 저를 농구반에 등록시켜주셨고, 그곳에서 많은 농구 기술을 배우며 농구를 잘하게 되었습니다. 그때부터 지금까지 줄곧 농구를 즐기고 있으며, 농구할 때 흘리는 땀이 아주 상쾌합니다.

私はバスケットボールが好きです。子供の頃、母にバスケットボールスクールに通わされ、そのスクールで色々な技術を覚えながら、上手くなったような気がします。その時から今までずっとバスケットボールを楽しみ、プレーをして汗をかいたらとても気持ちいいです。

・汗をかく 땀을 흘리다

5 저는 스키 타는 것을 좋아합니다. 스키 탈 때 속도를 조절하는 자유로움을 만끽할 수 있고 속도를 내면 날아가는 듯한 느낌을 받기도 합니다. 스키는 용감한 자만이 즐길 수 있는 스포츠라고 생각합니다. 정말 스릴있고 재미있습니다.

私はスキーが好きです。滑る時にスピードを自分でコントロールする自由を満喫することができ、スピードを出したら飛んでいくような気分にもなります。スキーは勇気のある者だけが楽しめるスポーツだと思います。スリルもあって本当に楽しいです。

・滑る 미끄러지다 ・コントロール 컨트롤, 조절 ・満喫 만끽 ・スピードを出す 스피드를 내다

여행 경험에 대해 말해 보세요.
あなたの旅行経験について話してください。

♫ MP3 05_05

1

일본에서 유학하던 중 언니와 함께 후지 가와구치코마치에 간 적이 있습니다. 렌터카를 빌려서 주변 이곳저곳을 돌아봤는데, 후지산의 아름다운 풍경과 눈앞에 펼쳐진 호수는 매우 인상적이었습니다. 특히 후지산이 내려다보이는 호텔과, 서서 먹는 소바 등 맛있는 음식들도 기억이 납니다. 가와구치코에는 오르골의 숲 미술관도 있고, 느긋하게 피로를 풀 수 있는 온천도 있습니다. 일본으로 놀러 가는 친구에게 꼭 추천해 주고 싶은 곳입니다.

日本で留学していた時に姉と一緒に富士河口湖町に行ったことがあります。レンタカーを借りてあちこち回りましたが、富士山の綺麗な景色と目の前に広がる湖がとても印象に残っています。特に富士山を眺められるホテルと立ち食いそばなどの美味しい食べ物も思い出します。河口湖にはオルゴールの森美術館とゆっくりと疲れを癒せる温泉もあります。日本に遊びに行く友達に勧めたい場所です。

· 回る 돌다, 회전하다 · 目の前 목전, 눈앞 · 湖 호수 · 眺める 바라보다, 조망하다 · 立ち食い 서서먹음 · 疲れ 피로

2

저는 때때로 혼자서 여행을 합니다. 혼자 하는 여행은 스스로 시간과 갈 곳을 정할 수 있기 때문에 마음대로 돌아다닐 수 있습니다. 최근에는 혼자서 일본으로 여행을 갔는데, 맛있는 초밥과 생선회도 먹고, 온천, 쇼핑도 즐길 수 있었던 매우 즐거운 여행이었습니다.

私はたまにひとり旅をします。ひとり旅は自分で時間と行き先を決めることができるので好き勝手に旅行することができます。最近一人で日本に行きましたが、美味しい寿司とお刺身も食べ、温泉やショッピングも楽しみ、とても楽しい旅行でした。

· ひとり旅 혼자 여행함 · 行き先 행선지, 목적지 · 好き勝手 자기 좋을 대로만 하는 모양

3

올해 친구와 함께 백두산에 다녀왔습니다. 5월이었지만 백두산에는 대설이 내렸습니다. 심한 눈보라 때문에 평소라면 정상에 펼쳐졌어야 할 천지는 눈으로 하얗게 뒤덮여 아쉽게도 볼 수 없었지만, 그 대신에 천지의 아름다운 설경을 볼 수 있었습니다. 저에게 있어 평생 잊을 수 없는 여행이었습니다.

- - - - - - - - - -

今年、友達と一緒に白頭山に行って来ました。5月でしたが、白頭山には大雪が降りました。ひどい吹雪で通常は頂上に広がるはずの天地は、白い雪に覆われ残念ながら見られなかったのですが、その代わりに天地の綺麗な雪景色が見られました。私にとって一生、忘れられない旅行でした。

・ひどい 심하다 ・吹雪 눈보라 ・通常 통상, 보통 ・頂上 정상, 절정 ・広がる 펼쳐지다 ・はず ～할 예정, ～할 터 ・覆う 덮다, 씌우다 ・雪景色 설경 ・一生 일생, 평생

4

저는 예전에 상해를 다녀온 적이 있습니다. 상해에는 관광 명소가 많은데 그중에서도 야경이 매우 아름답습니다. 와이탄의 풍경은 중국의 과거, 현재, 미래 그 자체를 보여줍니다. 나중에 기회가 된다면 다시 한번 가보고 싶습니다.

- - - - - - - - - -

以前、上海に行ったことがあります。上海にはいくつかの観光スポットがありますが、その中でも夜景がとても綺麗です。ワイタンの風景は中国の過去、現在、未来そのものを見せてくれます。また今度、機会があればもう一度行ってみたいです。

・そのもの 바로 그것, 그 자체

당신에게 일주일의 휴가가 주어진다면 무엇을 하겠습니까?

あなたに<ruby>一週間<rt>いっしゅうかん</rt></ruby>の<ruby>休<rt>やす</rt></ruby>みが<ruby>与<rt>あた</rt></ruby>えられたら<ruby>何<rt>なに</rt></ruby>をしますか?

다른 표현 もし、あなたは<ruby>一週間<rt>いっしゅうかん</rt></ruby>の<ruby>休暇<rt>きゅうか</rt></ruby>がもらえるとしたら、<ruby>何<rt>なに</rt></ruby>をすると<ruby>思<rt>おも</rt></ruby>いますか?

♫ MP3 05_06

1

만약 일주일의 휴가가 주어진다면, 집에서 쉬며 누가 깨우지 않을 때까지 충분히 자고 싶습니다.

もし、<ruby>一週間<rt>いっしゅうかん</rt></ruby>の<ruby>休<rt>やす</rt></ruby>みが<ruby>与<rt>あた</rt></ruby>えられたら、<ruby>家<rt>いえ</rt></ruby>でゴロゴロしながら、<ruby>誰<rt>だれ</rt></ruby>にも<ruby>起<rt>お</rt></ruby>こされずにゆっくり<ruby>寝<rt>ね</rt></ruby>たいです。

・ゴロゴロ 데굴데굴, 빈둥빈둥 ・<ruby>起<rt>お</rt></ruby>こす 깨우다, 일으키다

2

오랫동안 연락하지 못한 친구와 만나고 싶습니다.

<ruby>長<rt>なが</rt></ruby>く<ruby>連絡<rt>れんらく</rt></ruby>が<ruby>取<rt>と</rt></ruby>れなかったお<ruby>友達<rt>ともだち</rt></ruby>に<ruby>会<rt>あ</rt></ruby>いたいです。

・<ruby>連絡<rt>れんらく</rt></ruby>を<ruby>取<rt>と</rt></ruby>る 연락을 취하다

3

저는 아직 한 번도 일출을 본 적이 없습니다. 만약 일주일의 휴가가 주어진다면, 먼저 바다에 가서 일출을 보고 가족과 함께 드라이브하러 갈 것입니다.

<ruby>私<rt>わたし</rt></ruby>はまだ<ruby>一度<rt>いちど</rt></ruby>も、<ruby>日<rt>ひ</rt></ruby>の<ruby>出<rt>で</rt></ruby>を<ruby>見<rt>み</rt></ruby>たことがありません。もし、<ruby>一週間<rt>いっしゅうかん</rt></ruby>の<ruby>休<rt>やす</rt></ruby>みが<ruby>与<rt>あた</rt></ruby>えられたら、まず、<ruby>海<rt>うみ</rt></ruby>に<ruby>行<rt>い</rt></ruby>って<ruby>日<rt>ひ</rt></ruby>の<ruby>出<rt>で</rt></ruby>を<ruby>見<rt>み</rt></ruby>てから<ruby>家族<rt>かぞく</rt></ruby>とドライブをすると<ruby>思<rt>おも</rt></ruby>います。

・<ruby>日<rt>ひ</rt></ruby>の<ruby>出<rt>で</rt></ruby> 일출, 해돋이

4

제가 지금 가장 하고 싶은 것은 여행입니다. 만약 일주일의 휴가가 주어진다면 몰디브, 발리와 같은 휴양지에 가서 아름다운 풍경을 보면서 푹 쉬고 싶습니다.

<ruby>私<rt>わたし</rt></ruby>が<ruby>今<rt>いま</rt></ruby>、<ruby>一番<rt>いちばん</rt></ruby>やりたいことは<ruby>旅行<rt>りょこう</rt></ruby>です。もし、<ruby>一週間<rt>いっしゅうかん</rt></ruby>の<ruby>休暇<rt>きゅうか</rt></ruby>がもらえるとしたら、モルディブやバリ<ruby>島<rt>とう</rt></ruby>のようなリゾート<ruby>地<rt>ち</rt></ruby>に<ruby>行<rt>い</rt></ruby>って<ruby>綺麗<rt>きれい</rt></ruby>な<ruby>景色<rt>けしき</rt></ruby>を<ruby>眺<rt>なが</rt></ruby>めながら、のんびりしたいです。

・リゾート<ruby>地<rt>ち</rt></ruby> 휴양지 ・のんびり 유유히, 한가로이

5

만약 일주일의 휴가를 준다면, 저는 고향에 가는 걸 선택하겠습니다. 일 때문에 집을 떠나 계속 혼자 살았기 때문에 가족과 함께 하는 시간이 적었기 때문입니다. 그래서 저는 가족과 함께 시간을 보내는 것을 선택하고 싶습니다.

もし、一週間の休みがあったら、私は実家に帰ることを選びます。仕事のせいで実家から離れてずっと一人暮らしをしていたので、家族と過ごす時間があまりなかったからです。ですから、家族と一緒に時間を過ごすことを選びたいです。

· 実家 친가, 본가 · 一人暮らし 독신 생활, 혼자 삶

面接官 どうぞ おかけください。緊張していますか?

応募者 はい、少し 緊張していますが、頑張ります。私は オ・ヘソンと 申します。

面接官 韓国の方ですが、当社は どうやって 知りましたか?

応募者 私は IT分野を 専攻したので、いつも 日本の企業に 興味を 持って 就職活動を してきました。御社は 私が 入りたい会社で、常に 募集広告を チェックしていました。

面接官 日本の企業文化に ついては 知っていますか?

応募者 個人的な 生活を 重視する 日本の社会文化が 会社でも 反映されていると 思います。知らない部分に ついては 工夫していきたいと 思っております。

面接官 他の日本企業にも エントリーしましたか?

応募者 御社だけを 目標として 準備してきましたので、他社には エントリーしていません。

面接官 いつ 日本に 来ましたか?

応募者 2日前に 入国し、一日は 面接の準備をしました。

面接官 もし、合格したら 来月から 勤務することは できますか?

応募者 はい、可能です。先月に 大学を 卒業したので 入社が 決まったら、すぐに 日本に 来ることが できます。

面接官 はい、お疲れ様でした。以上で 面接は 終わります。

応募者 ありがとうございました。失礼いたします。

78

면접관	앉으세요, 긴장하셨나요?
면접자	네, 조금 긴장했습니다만, 열심히 하겠습니다. 저는 어해선이라고 합니다.
면접관	한국분인데, 우리 회사를 어떻게 알게 되었나요?
면접자	저는 IT분야 전공자로서 늘 일본 기업에 관심을 가지고 취업 준비를 해 왔습니다. 귀사는 제가 가고 싶은 회사여서 늘 공고를 확인해 왔습니다.
면접관	일본 기업 문화에 대해서는 알고 있나요?
면접자	개인적인 생활을 중시하는 일본 사회의 문화가 회사에서도 반영되는 것으로 알고 있습니다. 잘 모르는 부분은 더 열심히 공부해서 알아가겠습니다.
면접관	다른 일본 기업에도 지원했나요?
면접자	귀사만을 목표로 두고 준비해왔기 때문에 다른 일본 기업은 지원하지 않았습니다.
면접관	언제 일본에 왔나요?
면접자	이틀 전에 입국해서 하루는 면접을 준비했습니다.
면접관	만약 합격한다면 다음 달부터 근무가 가능한가요?
면접자	네, 가능합니다. 대학을 지난 달에 졸업했기 때문에 입사가 정해지면 바로 일본에 올 수 있습니다.
면접관	네, 수고했습니다 이상으로 면접을 마치겠습니다.
면접자	감사합니다. 실례하겠습니다.

6장

업무 능력

ぎょう む のうりょく
業務能力

Unit 1-1 본인의 일본어 실력은 어떻습니까?

Unit 1-2 일본어 공부할 때의 어려움을 어떻게 극복하였습니까?

Unit 1-3 일본어 외에 구사할 수 있는 외국어가 있습니까?

실력은 어느 정도입니까?

Unit 2-1 당신의 컴퓨터 활용 능력은 어느 정도입니까?

Unit 2-2 업무와 관련된 자격증을 가지고 있습니까?

Unit 2-3 업무와 관련된 경험(경력)이 있습니까?

Unit 3-1 시간 외 근무도 가능합니까?

Unit 3-2 채용된다면 어느 부서에서 근무하고 싶습니까?

Unit 3-3 국내 근무를 지원했는데, 해외 근무도 가능합니까?

본인의 일본어 실력은 어떻습니까?

あなたの日本語の実力はどうですか?

다른 표현 自分の日本語のレベルはどれくらいだと思いますか?

♪ MP3 06_01

1

일상적인 일본어 소통은 거의 문제가 없습니다. 하지만 일본어 실력을 더 향상하기 위해 계속 노력할 것입니다.

日本語で日常会話をするのに全く問題ありません。でも、日本語の実力を向上させるため常に努力するつもりです。

2

저는 매주 주말마다 일본어 학원에 다니고 있습니다. 아직 일본어를 잘하지는 못하지만, 일본어 공부가 정말 좋습니다. 학습 과정이 끝나면 일본 친구들과 자유롭게 대화할 수 있기를 바라고 있습니다.

私は毎週末、日本語スクールに通っています。まだ、日本語が上手くありませんが、日本語が大好きです。学習コースが終わったら、日本人の友達と自由に話せるようになりたいです。

3

일본어를 전공했기 때문에 일본어를 유창하게 할 수 있습니다. 제 일본어 실력으로는 누구에게도 지지 않을 자신이 있습니다. 업무를 수행하는 데 있어서는 전혀 문제가 없을 것이라 확신합니다.

日本語を専攻したので、日本語が流暢に話せます。日本語の実力では誰にも負けない自信があります。業務を行う上で全く問題ないと強く自信を持っております。

4

저는 일본에서 대학을 졸업했습니다. 그래서 일본어에 자신이 있으며 일본인과 거리낌 없이 대화할 수 있습니다.

私は日本で大学を卒業しました。それで日本語には自信があり、日本人と会話を交わす時もすらすら話せます。

· 交わす 주고받다, 교환하다

5

현대 사회에서 가장 중요한 것은 커뮤니케이션 능력이라고 생각합니다. 세계 경제가 일체화되어 감에 따라, 한 가지 언어를 구사하는 것만으로는 살아남기가 힘들다고 생각해서 일본어를 공부하게 되었습니다. 현재 일본어능력시험(JLPT) N1급 자격증을 가지고 있습니다. 저의 이러한 언어 능력은 앞으로 업무를 수행하는 데 있어 분명 도움이 되리라 생각합니다.

現代社会で一番重要とされるのはコミュニケーション能力だと思います。世界経済が一体化していくに連れ、一つの言語だけでは生き残れないと思い、日本語を勉強することにしました。既に日本語能力試験(JLPT) N1級を取得しています。この様な語学力はきっと今後の仕事にも繋がり、役に立つと思っています。

・〜に連れて 그렇게 됨에 따라・生き残る 살아남다

일본어 공부할 때의 어려움을 어떻게 극복하였습니까?

日本語を勉強しながら、壁にぶつかったと思った時にはどのように
克服しましたか?

다른 표현 日本語を勉強する上で、困難なことがあった時はそれをどう乗り越えましたか?

♪ MP3 06_02

1

외국어 공부는 많이 듣고, 쓰고, 읽고 말해야 합니다. 저는 일본어 실력을 향상시키기 위해 매일 오전 수업에 빠짐없이 참여하고, 수업이 끝난 후에는 일본 친구들과 많이 교류하려고 노력했습니다.

外国語を勉強する時はよく聞いて、書いて、読んで、話さなければなりません。
日本語の実力をアップさせるために毎朝欠かさず授業に参加し、授業が終わった
ら日本人の友達と交流を持つように努力しました。

· 欠かす 빠뜨리다, 거르다

2

일본에서 유학할 때 저는 마트에 가는 것을 좋아했습니다. 마트에 갈 때마다 물건을 사면서 새로운 단어를 공부하고, 다음번에 다시 갈 때는 아는 단어는 복습하고 모르는 단어는 적어 와 집에서 공부하였습니다.

日本で留学していた時にスーパーに行くのが好きでした。スーパーに行くたびに
買い物をしながら単語を覚え、その次に行った時に覚えた単語を復習し、また覚
えられなかった単語をメモして、帰ってからまた勉強したりしました。

· スーパー 슈퍼마켓(スーパーマーケット의 준말), 마트

3

일본어를 막 배우기 시작했을 때는, 탁음이 너무 어려워 발음이 그다지 좋지 않았습니다. 어떤 때는 일본인이 제 말을 못 알아듣기도 하였습니다. 그래서 저는 매일 방에서 큰 소리로 일본어 교재의 본문을 읽는 연습을 했고, 지금은 일본인과 대화할 때도 자신감을 가지고 대화할 수 있게 되었습니다.

日本語を学び始めた時には濁音が難し過ぎて発音があまり良くなかったです。時
には私の発音を聞き取れない日本人もいました。それで毎日部屋でテキストの
本文を大きい声で読む練習をし、今では日本人と会話をする時も自信を持って話
せるようになりました。

· 濁音 탁음 · 聞き取る 알아듣다, 듣고 잘 이해하다

4

제가 일본어를 공부할 때 가장 어려웠던 점은 듣기였습니다. 이를 극복하기 위해서, 녹음 테이프를 반복해서 듣고 TV도 많이 보았습니다. 그리고 일본인과도 많이 대화하려고 노력하였습니다. 이때, 모르는 단어가 나오면 바로 적고 사전을 찾아 뜻을 알아 보았습니다. 그리고 일본인과 대화할 때는 막 익힌 단어들을 최대한 사용하였습니다. 이러한 방법들을 통해 저의 듣기 실력이 어느 정도 향상될 수 있었습니다.

日本語を勉強する時、一番難しかったのはリスニングでした。それを克服するため録音テープを繰り返し聞いたりテレビを見たりしました。そして日本人とたくさん話すように努力しました。そうしながら知らない単語があったら、チェックしておき、辞書を引いて意味を調べました。そして日本人と話す時には覚えたばかりの単語を使うように気を付けました。この様な方法で聞き取りの実力をアップさせることができたと思います。

・克服 극복 ・繰り返す 되풀이하다, 반복하다 ・辞書を引く 사전을 찾다

5

한국에서도 한자를 사용하기 때문에 어느 정도의 한자는 읽고 쓸 줄 알았지만, 일본어 듣기와 말하기는 저에게 상당히 어려웠습니다. 이 문제를 해결하기 의해, 저는 매일 수업이 끝난 후 선생님께서 소개해 주신 드라마 〈전차남〉을 모두 보았습니다. 당시에는 극중 대부분의 대사를 잘 알아듣지 못했지만 드라마 내용이 매우 재미있었기 때문에 끝까지 볼 수 있었습니다. 드라마는 제 일본어 실력이 향상하는 데 매우 도움이 되었습니다.

韓国でも漢字を使うのである程度の漢字は読んだり書いたりすることができましたが、日本語での聞き取りと話すことは私にとってはとても難しいことでした。その問題を解決するため、毎日授業が終わってから先生に勧められた「電車男」を全話見ました。当時はほとんどのセリフが聞き取れなかったのですが、ドラマの内容がとても面白かったので最後まで見ることができました。ドラマは私の日本語力を向上させるのに役に立ちました。

・程度 정도 ・セリフ (극본 등의) 대사

일본어 외에 구사할 수 있는 외국어가 있습니까?
실력은 어느 정도입니까?

日本語以外に話せる外国語はありますか? その実力はどれくらいですか?

♪ MP3 06_03

1

어렸을 때 뉴욕에서 8년 정도 거주했기 때문에, 영어를 매우 유창하게 합니다. 영어 작문도 자신 있습니다.

子供の頃、ニューヨークに8年くらい住んでいたので英語を流暢に話すことができます。英語の作文にも自信があります。

2

고등학생 시절 중국어를 배운 적이 있으며, 여름 방학 때 중국에 간 적도 있습니다. 비록 중국인처럼 유창하진 않지만, 중국인과 일상적인 대화를 나누는 데에는 거의 문제없습니다.

高校時代、中国語を習ったことがあります。夏休み期間中に中国に行ったこともあります。中国人のように流暢には話せませんが、中国人と日常会話を交わすには問題ないです。

3

15살 때, 교환 학생으로 미국에 유학을 가서 고등학교를 다녔습니다. 그래서 저는 일본어뿐만 아니라 영어도 자신 있습니다.

15歳の時、交換留学生としてアメリカに行って高校まで留学していました。それで日本語だけでなく、英語にも自信があります。

4

대학에 다닐 때, 멕시코에서 온 친구가 있었습니다. 저는 그 친구와 교류할 기회가 많아 자연스럽게 그의 언어에 관심을 갖게 되었습니다. 이후 2년간 스페인어를 배운 적이 있습니다.

大学に通っていた時、メキシコから来た友達がいました。その友達と交流する機会が多く、自然に彼の国の言葉にも興味を持つようになりました。その後2年間スペイン語を習ったことがあります。

・メキシコ 멕시코

당신의 컴퓨터 활용 능력은 어느 정도입니까?

あなたのパソコン活用度はどれくらいですか?

●--→ **다른 표현** あなたはパソコンを上手く扱うことができますか?

♫ MP3 06_04

1

저는 언어 능력 외에, 컴퓨터를 다루는 데도 능숙합니다. 컴퓨터에 문제가 생기면 보통 제가 직접 해결합니다.

私は言語力以外に、パソコンも上手く扱うことができます。パソコンにトラブルが発生したら、自分で解決することができます。

・扱う 다루다, 취급하다 ・発生する 발생하다

2

작년에 국가공인 1급 컴퓨터 자격증을 취득하여 각종 소프트웨어를 능숙하게 사용할 줄 압니다. 특히 ERP, OA, Excel, Word, Photoshop 등 소프트웨어를 잘 다룰 수 있습니다.

去年、国家公認のコンピューター資格1級を取得し、各種のソフトウェアを上手く使いこなせます。特に ERP, OA, Excel, Word, Photoshop などのソフトウェアの扱いに自信があります。

・各種 각종, 각가지 ・使いこなす 잘 다루다, 자유자재로 쓰다

3

컴퓨터에 관한 기초 지식을 이미 갖추고 있습니다. 특히 Word, Excel, PowerPoint 등 오피스 소프트웨어를 잘 다룰 수 있습니다.

パソコンの基礎知識は既に整っております。特に Word, Excel, PowerPoint などオフィスのソフトウェアを上手く扱うことができます。

・整う 형태가 갖추어지다, 정돈되다

업무와 관련된 자격증을 가지고 있습니까?

仕事と関係のある資格を持っていますか?

다른 표현 業務内容に関係する資格を取得していますか?

🎵 MP3 06_05

1

저는 운전면허와 워드프로세서 1급이 있습니다.

私は運転免許とワードプロセッサー1級を持っています。

・運転免許 운전면허

2

이번 여름 방학에 비서 자격증 3급을 취득했습니다.

今回の夏休みに秘書検定3級を取りました。

・秘書 비서

3

컴퓨터 자격증은 없지만 Word, Excel, PowerPoint 등 오피스 소프트웨어를 잘 다룰 수 있습니다.

パソコンの資格は持っていませんが、Word, Excel, PowerPoint などのオフィスのソフトウェアを上手く使いこなせます。

・資格 자격(증)

4

저는 작년에 인터넷정보관리사 1급을 취득했습니다. 인터넷상에서 필요한 정보를 빠르고 정확하게 찾아내는 데 자신이 있습니다.

去年、インターネット情報処理士1級を取得しました。インターネット上で必要な情報を素早く正確に探すことに自信があります。

・素早い 재빠르다

업무와 관련된 경험(경력)이 있습니까?

仕事に関係のある業務経験はありますか?

---● 다른 표현 業務に関係する経験を持っていますか?

♫ MP3 06_06

1

대학 때, 힐튼호텔에서 아르바이트를 한 적이 있습니다. 이 경험을 통해 고객 서비스에 대해 배울 수 있었습니다.

大学時代、ヒルトンホテルでアルバイトをしたことがあります。その経験を通じて顧客サービスについて学ぶことができました。

2

대학 4년간 다양한 분야에서 저의 능력을 키웠습니다. 특히 업무와 관련하여 다양한 사회활동에 적극적으로 참여하며 사람들과 협력하기 위해 노력하여, 어느 정도의 관리 경험과 사회 경험을 쌓았습니다.

大学での4年間、色んな分野で自分の能力を磨いて来ました。特に業務に関しては色んな社会活動に積極的に参加してみんなと協力し合うように努力し、できるかぎりの管理経験と社会経験を積んで来ました。

・磨く 닦다, 연마하다

3

저는 전자제품회사 판매 부서에서 3년간 회계 업무를 담당하였습니다. 실무 경험 외에도 업무 외 시간에는 회계 관련 서적도 많이 읽어 업무 지식을 쌓았습니다.

私は電子製品会社の販売部署で3年間会計業務を担当いたしておりました。実務経験以外にも業務外の時間には会計関連の本をたくさん読んで業務知識を身に付けました。

4

비록 실제 업무 경험은 없지만, 4년간의 대학 생활을 통해 기초 영어와 컴퓨터 활용 지식을 쌓았습니다. 이는 앞으로 제가 성장해 나가는 데 탄탄한 밑거름이 되어줄 것입니다.

実際の業務経験は持っておりませんが、4年間の大学生活を通じて基礎英語とパソコン活用知識を身に付けることができました。これらの経験は今後、自分が成長していく糧になると思います。

・糧 양식, 밑바탕

시간 외 근무도 가능합니까?

時間外勤務も可能ですか?

다른 표현 残業もできますか?

♪ MP3 06_07

1

전혀 문제없습니다. 업무가 바쁠 경우에는 당연한 일이라고 생각합니다. 중요한 것은 야근 시간을 얼마나 효율성 있게 분배할 수 있느냐는 것이라고 생각합니다.

全く問題ありません。業務が忙しい時は当然のことだと思います。そこで重要なのは残業時間をどれだけ効率良く分配することができるかだと思います。

· 残業 잔업, 야근 · 効率 효율

2

일이 바쁘면 야근은 당연하다고 생각합니다. 필요하다면, 주말에도 나와서 일할 수 있지만 그럴 경우에는 최소 하루 전에는 알려 주시면 감사하겠습니다.

仕事が忙しい時の残業は当たり前のことだと思います。必要なら、週末にも働けますが、その場合には前日までには教えていただけると助かります。

· 当たり前 당연함

3

적정 수준의 야근은 받아들일 수 있습니다. 하지만 업무 효율이 높으면, 불필요한 야근은 줄일 수 있을 것이라고 생각합니다.

ある程度の残業は受け入れられると思います。でも、業務の効率が良ければ余計な残業は減らすことができると思います。

· 受け入れる 받아들이다 · 余計 쓸데없음, 불필요함 · 減らす 줄이다

Unit 3-2

채용된다면 어느 부서에서 근무하고 싶습니까?
採用_{さいよう}されたら、どのような部署_{ぶしょ}で勤務_{きんむ}したいですか?

다른 표현 もし、採用_{さいよう}されるとしたら、どんなパートで働_{はたら}きたいですか?

♪ MP3 06_08

1

저는 식품 회사에서 3년간 회계 업무를 했습니다. 이러한 저의 경험을 살려, 귀사의 회계부서에서 열심히 일하고 싶습니다.

私_{わたし}は食品会社_{しょくひんがいしゃ}で3年間会計業務_{ねんかんかいけいぎょうむ}をしておりました。この様_{よう}な自分_{じぶん}の経験_{けいけん}を活_いかして御社_{おんしゃ}の会計部署_{かいけいぶしょ}で一生懸命働_{いっしょうけんめいはたら}くつもりでいます。

2

저는 아주 활발하고 밝은 성격의 소유자입니다. 그런 저에게는 영업 직무가 가장 적합하다고 생각합니다.

私_{わたし}はとても活発_{かっぱつ}で明_{あか}るい性格_{せいかく}だと思_{おも}います。それで自分_{じぶん}には営業_{えいぎょう}の仕事_{しごと}が向_むいていると思_{おも}います。

· 向_むいている 적합하다, 이상적이다

3

저는 영어와 일본어를 잘 합니다. 저의 언어능력이 수출입 업무를 수행하는 데 도움이 될 것이라 확신하고 있습니다. 그렇기 때문에 귀사의 해외파트에서 일하며, 꼭 저의 능력을 더욱 잘 발휘하고 싶습니다.

私_{わたし}は英語_{えいご}と日本語_{にほんご}が話_{はな}せます。私_{わたし}の語学力_{ごがくりょく}が輸出入_{ゆしゅつにゅう}の業務_{ぎょうむ}を行_{おこな}う上_{うえ}で、きっと役_{やく}立_だつに違_{ちが}いないと思_{おも}っております。それで御社_{おんしゃ}の海外_{かいがい}パートで働_{はたら}きながら、是_ぜ非_ひ、自分_{じぶん}の能力_{のうりょく}を発揮_{はっき}させて頂_{いただ}きたいと思_{おも}っております。

· 〜に違_{ちが}いない 〜임에 틀림없다 · 〜させて頂_{いただ}く 〜하다(する의 겸양어)

4

인사과에서 근무하고 싶습니다. 대학 시절, 인적자원관리과정을 이수했을 뿐만 아니라 대기업 인사과에서 아르바이트를 한 경험이 있습니다.

人事部_{じんじぶ}で勤務_{きんむ}してみたいです。大学時代_{だいがくじだい}、人的資源管理課程_{じんてきしげんかんりかてい}を履修_{りしゅう}しただけでなく、大手企業_{おおてきぎょう}の人事部_{じんじぶ}でアルバイトをしたこともあります。

· 大手企業_{おおてきぎょう} 대기업

국내 근무를 지원했는데, 해외 근무도 가능합니까?

国内勤務に応募しましたが、海外勤務も可能ですか?

다른 표현 国内勤務を希望しているようですが、海外勤務もできますか?

🎵 MP3 06_09

1

당연히 해외 근무도 가능합니다. 저는 글로벌 경쟁력을 갖추기 위해 열심히 영어 공부를 해왔습니다. 만약 해외에 파견된다면, 회사의 기대에 부응할 수 있도록 열심히 일하겠습니다.

当然、海外勤務もできます。私はグローバル競争力を身に付けるために一生懸命英語を勉強してきました。もし、海外に転勤になったら会社の期待に応えられるように頑張りたいと思います。

・転勤 전근 ・期待に応える 기대에 부응하다

2

외국에서 근무할 수 있습니다. 어려서부터 외국 나갈 기회가 많았기 때문에, 해외 근무에 대한 부담이 없습니다.

海外での勤務も可能です。子供の頃から海外に行く機会が多く、海外勤務に抵抗はありません。

・抵抗 저항

3

사실 저는 국내보다도 해외 근무에 더 관심이 있습니다. 만약 귀사에 입사하게 된다면, 먼저 국내에서 업무 경험을 쌓은 뒤 해외에서 근무하고 싶습니다.

実は国内よりも海外勤務に興味があります。もし、御社に入社することが出来たら、国内で経験を積んだ後は海外でも働いてみたいと思います。

4

비록 지금은 영어를 그렇게 잘하진 않지만, 기회가 된다면 해외 근무도 해 보고 싶습니다. 해외 근무에 대비하여 열심히 영어 공부를 해두겠습니다.

今は英語がそれ程得意ではありませんが、機会があれば、海外勤務もしてみたいです。海外勤務に備えて一生懸命英語の勉強を頑張りたいと思います。

・備える 준비하다, 대비하다

就職活動(=就活(シュウカツ))

<ruby>就<rt>しゅう</rt></ruby><ruby>職<rt>しょく</rt></ruby><ruby>活<rt>かつ</rt></ruby><ruby>動<rt>どう</rt></ruby>

최근 일본에서는 학업에 전념할 수 있도록 대학교 4학년 6월부터 면접 등의 취업 활동을 시작합니다만, 저의 대학 시절에는 대학교 3학년 11월 무렵 취업 활동을 시작하여 4학년 5,6월 즈음에 내정을 받았습니다.

취업 활동을 시작하기에 앞서 일본 내 마이나비(マイナビ), 리쿠나비(リクナビ) 등의 취업 사이트에 가입하면 여러 취업 활동의 서포트를 받을 수 있습니다. 11월부터 한 달에 여러 번 열리는 취업 사이트의 기업 공동세미나 참가를 시작으로 여러 기업에 대해 기업 조사를 시작하게 됩니다. 이뿐만 아니라 취직에 도움이 되는 자기 분석, 면접 요령 등 여러 세미나에도 무료로 참가할 수 있습니다.

일반 회사의 면접 절차는

세미나 참가 → 엔트리시트 제출 → 이력서 제출 → 면접 → 내정 입니다.

또한, 최근에는 인터넷으로 서류를 제출하는 회사도 많이 증가하였지만 아직까지 80%의 회사는 우편으로 자필 이력서를 받고 있습니다.

저의 경우, 공동세미나에서 좋은 인상을 받은 회사의 면접에 참가하여 내정까지 받을 수 있었습니다. 이처럼 공동세미나 참가를 계기로 처음 알게 된 기업에 관심을 갖게 되어 취업하는 경우도 많기 때문에 여러 공동세미나에 참가하여 경영 이념이 자신의 가치관과 부합하는 회사를 찾아보는 것도 추천합니다.

간단하게 저의 취업 활동 과정은

1차(2010년 11월): 기업 설명회 참가, 적성검사(성격, 일반시사)

↓

2차(2010년 01월): 그룹 디스커션, 소논문

↓

3차(2010년 02월): 인사 면접(1:1)

↓

4차(2010년 02월): 영업매니저 면접(1:1)

↓

5차(2010년 03월): 간부 면접(1:1)

↓

내정(2010년 03월)

이라는 짧다면 짧을 수도 있는, 긴 여정이었습니다. 1대1 면접에서는 면접 시간을 1시간을 넘긴 적도 있었을 만큼 '나'를 알리기 위해 많이 노력했던 것 같습니다. 면접을 보면서 떨었던 적은 없습니다. 자연스럽게 대화하듯 답변을 한 것이 좋은 인상을 주지 않았나 하는 생각이 듭니다. 또한, 일본 취업 시에는 한국처럼 토익은 불필요하지만, 전형 과정 중에 SPI라고 하는 적성검사를 보는 경우가 많이 있습니다. 일본어, 수학, 영어, 시사 등 여러 분야의 문제가 출제됩니다. SPI 대비서는 서점에서 손쉽게 구매할 수 있으니, 전형이 시작되기 이전에 공부해 두는 게 좋습니다.

 제가 취업 활동을 하던 시기에는 유학생뿐만 아니라 일본인들조차도 취업이 힘든 상황이었습니다. 그럼에도 불구하고 일본 취업을 선택한 이유는 더욱더 폭넓은 일본 문화, 비즈니스 매너를 배우고 싶다는 생각 때문이었습니다. 대학교 3학년 11월부터 대학 수업과 병행하여 본격적인 취업 활동을 시작하였습니다. 같은 대학교의 한국인 유학생 선배 중에서는 일본 기업에 취업한 경우가 적었기 때문에, 유학생으로서 일본에 취업하기보다는 일본인들과 동등한 조건에서 취업해야겠다는 생각이 컸습니다. 학교의 취업센터와 다른 대학교 일본인 친구, 일본 취업 사이트 등으로부터 정보를 얻어 사설 취업 설명회, 취업 매너 설명회, 공동설명회를 다니며 2개월 정도를 보냈습니다. 처음 취업 활동을 시작했을 때는 일하고 싶은 분야를 정하지 못해서, 여러 기업 설명회를 다니면서 내가 어떤 분야에 관심이 있고 어

떤 업무를 하고 싶은지 많이 생각하였습니다. 그러던 중 공동설명회에서 우연히 주식회사 젠쇼홀딩스 (株式会社ゼンショーホールディングス / ZENSHO)라는 기업의 설명회에 참가하게 되었고, 그 기업은 저의 첫 직장이 되었습니다.

제 직장의 첫인상은 '회사 분들이 밝고 재미있다'였습니다. 이런 회사의 이미지에 매료되어 '이분들과 같이 일하고 싶다'라는 생각을 처음으로 했습니다. 적성 검사, 소논문, 그룹워크, 3번의 개인 면접이라는 길고 긴 과정을 거쳐 내정을 받게 되었습니다. 내정이라는 좋은 결과를 받게 된 데에는 개인 면접에서 다른 사람의 간섭을 받지 않고 내가 생각하고 있는 것들을 꾸밈없이 자연스럽게 이야기할 수 있었던 것이 큰 도움이 된 것 같습니다. 입사 후에 알게 된 사실이지만, 170명 넘는 동기들 중에 외국인은 단 3명이었고 그중 저는 최초의 한국인 입사자였습니다. 2년 반 동안 영업, 기술부, 영업이라는 3번의 인사 이동을 통해 여러 가지 일을 경험하고 저 자신이 성장했다는 것을 느낄 수 있었습니다.

개인적인 문제로 귀국하여 일본 기업의 한국 지사에서 2년가량의 계약 업무를 끝내고 나서는 다시 일본에서 취업을 하고 싶다는 생각을 하였습니다. 신입 대졸 사원보다 기졸(既卒)사원으로 취업을 하는 것이 훨씬 힘들었던 것 같습니다. 처음에는 한국에서 열리는 취업 박람회를 찾아보곤 했지만 결국에는 또다시 '일본인들처럼 도전해 보자' 하고 돌아섰습니다. 가고 싶은 회사의 홈페이지를 찾아보고 그 회사의 채용 정보를 3개월가량 매일같이 확인했습니다. 가고 싶었던 회사의 채용공고가 올라오면, 이력서를 직접 해외 우편으로 보내고, 면접도 매번 일본으로 당일치기로 보러 다녔습니다. 그만큼 간절했기에 포기하고 싶지 않았고 더욱 열심히 면접에 임했던 것 같습니다. 가고자 하는 회사의 정보뿐만 아니라 라이벌 기업까지 조사하며 내가 꼭 이 회사에 입사하고 싶은 이유를 생각했습니다. 첫 기업뿐만 아니라 이직할 때의 회사 면접에서도 항상 웃으면서 면접을 즐기려고 많이 노력했습니다. 면접 내용도 중요하지만 면접관들은 그 외의 태도도 많이 보는 것 같습니다. 면접을 본다는 생각보다 대화를 한다고 생각하고 진심을 다하여 열심히 노력한다면 여러분들에게도 꼭 좋은 결과가 있을 것이라고 생각합니다.

現 AOO 칸사이 공항 여객부 구O진

7장

지원동기 및 포부

志望動機と抱負

Unit **1-1** 왜 우리 회사에 지원하였습니까?

Unit **1-2** 우리 회사에 대해 얼마나 알고 있습니까?

Unit **1-3** 우리가 당신을 채용할 경우, 회사를 위해 어떠한 노력을
하시겠습니까?

Unit **2-1** 전공과 지원 분야가 다른 이유가 무엇입니까?

Unit **2-2** 우리 회사와 다른 업체에 모두 합격한다면 어떻게 하겠습니까?

Unit **3-1** 만약 불합격해도 우리 회사 제품을 쓰겠습니까?

Unit **4-1** 당신이 생각하는 좋은 기업의 조건은 무엇입니까?

Unit **4-2** 앞으로 10년 후, 본인을 상상해 보세요.

왜 우리 회사에 지원하였습니까?

なぜ、当社に志望しましたか?

다른 표현 当社に志望した理由は何ですか?

♪ MP3 07_01

1 귀사가 해외 영업 분야에 있어서 한국에서 가장 경쟁력 있는 회사라고 생각해서 지원하게 되었습니다.

御社は海外営業分野において韓国で最も競争力のある会社だと思い、志望いたしました。

2 대학생 때부터 서비스 분야에서 일하는 것을 꿈꿔왔습니다. 그렇기 때문에 서비스 분야에서 가장 잠재력이 있는 귀사에 입사하는 것이 저의 꿈입니다.

大学生の時からサービス業に就くことを夢見ていました。そのためサービス部門で最も潜在力のある御社に入社することが夢です。

· 夢見る 꿈꾸다 · 潜在力 잠재력

3 귀사는 직원 개개인의 꿈을 실현할 수 있는 기회를 공평하게 제공하는 곳이라고 믿고 있습니다. 그래서 귀사에서 꼭 일할 수 있기를 바랍니다.

御社は個人の夢を実現できる機会を公平に与えてくださると信じています。それで御社で是非、働いてみたいです。

4 저는 귀사가 아주 높은 기술력을 갖춘 한국 최대의 전자 회사라고 생각합니다. 귀사에 입사하여 회사에 기여할 수 있는 인재가 되고 싶습니다.

御社は非常に高度な技術力を持っている韓国最大の電子会社だと思います。御社に入社して会社に寄与できる人材になりたいです。

· 寄与 기여, 이바지함 · 人材 인재

⑤

귀사는 독특한 기업 문화를 가지고 있고, 모두가 알다시피 직원에게 공평한 승진 기회를 제공하는 기업이기 때문에, 제가 열심히 노력만 한다면 그 분야에서 계속 성장해 나갈 수 있을 것입니다. 귀사의 이러한 기업 문화에 감명받아 포기하지 않고 도전하기로 결심했습니다.

御社は独特な企業文化を持ち、周知の通り職員に公平な昇進機会を与える企業で、努力すればその分野で続けて成長できると思います。その御社の企業文化に感銘を受け、諦めずに挑戦することにいたしました。

· 独特 독특함 · 周知 널리 아는 것 · 昇進 승진 · 感銘を受ける 감명을 받다

⑥

귀사의 채용 공고와 채용 조건을 보고 저에게 적합한 조건이라고 생각되었습니다. 저는 인터넷, 미디어 등을 통해 귀사의 연혁과 발전 전략을 이해하였습니다. 만약 제가 귀사의 일원이 된다면, 기대에 부응할 수 있도록 최대한 노력할 것입니다.

御社の採用広告と採用条件を見て私にぴったりな条件だと思いました。インターネット、メディアなどで御社の沿革と発展戦略を理解するようになりました。もし私が御社の一員となりましたら、ご期待に添えるよう、精一杯努力したいと思っております。

· 採用 채용 · 沿革 연혁 · 期待に添う 기대에 부응하다 · 精一杯 힘껏, 최대한으로

Unit 1-2

우리 회사에 대해 얼마나 알고 있습니까?

当社についてどれくらい知っていますか?

♫ MP3 07_02

1

귀사는 노력을 아끼지 않는 기업이며, 이미 철강, 화학, 전자 등의 분야에서 선도하는 기업이라고 생각합니다. 저는 귀사가 일본 시장에 진출하기 위해 현재 해외 부서 신설을 준비 중에 있다고 알고 있습니다. 저는 일본어뿐만 아니라 일본의 기업 문화도 이해하고 있기 때문에 제가 귀사에 맞는 인재라고 생각합니다.

⋯⋯⋯⋯⋯⋯⋯⋯⋯⋯⋯⋯⋯⋯⋯⋯⋯⋯⋯⋯⋯⋯⋯⋯⋯⋯⋯⋯⋯⋯

御社は努力を惜しまない企業で、既に鉄鋼、化学、電子などの分野でリードしている企業だと思います。御社は日本市場に進出するため、現在は海外部署の新設を準備中だと存じています。私は日本語だけでなく、日本の企業文化もよく理解しているので私は御社にふさわしい人材だと思います。

⋅ 惜しむ 아끼다 ⋅ 鉄鋼 철강, 강철 ⋅ 進出 진출 ⋅ 存じる 알다(知る의 겸양어) ⋅ ふさわしい 어울리다, 걸맞다

2

귀사는 1987년 설립된 통신판매 회사로서 현재 3,000여 명의 직원이 근무하고 있는 대기업입니다. 또한, 다양한 상품을 판매하고 있으며 이미 일본시장에 진출하였습니다.

⋯⋯⋯⋯⋯⋯⋯⋯⋯⋯⋯⋯⋯⋯⋯⋯⋯⋯⋯⋯⋯⋯⋯⋯⋯⋯⋯⋯⋯⋯

御社は1987年設立された通信販売会社で現在は3,000人以上の従業員を雇っている大企業です。また、様々な商品を取り揃えて販売し、既に日本市場にも進出しました。

⋅ 通信販売 통신판매 ⋅ 従業員 종업원, 사원 ⋅ 雇う 고용하다 ⋅ 取り揃える 골고루 갖추다, 한데 모으다

3

귀사는 '인재 제일'이라는 기업 이념을 가지고 우수한 인재를 적극적으로 유치하고 육성하고 있습니다. 이러한 기업이념이 국내사업을 확장하는 데 결정적인 역할을 했다고 생각합니다. 그래서 저는 인재를 중시하는 귀사에 입사하고 싶습니다.

⋯⋯⋯⋯⋯⋯⋯⋯⋯⋯⋯⋯⋯⋯⋯⋯⋯⋯⋯⋯⋯⋯⋯⋯⋯⋯⋯⋯⋯⋯

御社は「人材第一」という企業理念を基に優秀な人材を積極的に取り入れ、育成しています。この企業理念は国内でのビジネスを拡大するのに決定的な役割を果たしたと思います。それで私は人材を最も重要視する御社に入社したいです。

⋅ 取り入れる 받아들이다, 도입하다 ⋅ 育成 육성 ⋅ 役割を果たす 구실을 다하다

Unit 1-3

우리가 당신을 채용할 경우, 회사를 위해 어떠한 노력을 하시겠습니까?

当社（とうしゃ）があなたを採用（さいよう）したら、会社（かいしゃ）のためにどんな努力（どりょく）をしますか？

다른 표현 当社（とうしゃ）があなたを雇（やと）うとしたら、会社（かいしゃ）のためにどのような努力（どりょく）をするつもりですか？

🎵 MP3 07_03

1

만약 귀사에 채용된다면, 성실하게 일하고 회사와 하나가 되어 기업 문화에 적응하겠습니다. 단기적인 목표는 기업이 더 많은 이윤을 창출하는데 공헌하는 것이고, 장기적 목표는 저 또한 회사와 함께 성장해 나가는 것입니다.

もし、御社（おんしゃ）に採用（さいよう）されたら真面目（まじめ）に働（はたら）き、会社（かいしゃ）の企業文化（きぎょうぶんか）に馴染（なじ）めるように努力（どりょく）するつもりです。短期的（たんきてき）な目標（もくひょう）としては企業（きぎょう）の利益（りえき）を出（だ）すことに貢献（こうけん）することで、長期的（ちょうきてき）な目標（もくひょう）は会社（かいしゃ）と共（とも）に自分（じぶん）も成長（せいちょう）していくことです。

・真面目（まじめ） 성실함, 진지함 ・利益（りえき） 이익 ・貢献（こうけん） 공헌

2

만약 귀사에 채용된다면, 반드시 열심히 일하며, 저의 모든 역량을 업무에 집중하도록 하겠습니다.

もし、御社（おんしゃ）に雇（やと）っていただけたとしたら一生懸命（いっしょうけんめい）働（はたら）き、自分（じぶん）の能力（のうりょく）を発揮（はっき）して業務（ぎょうむ）に集中（しゅうちゅう）するようにします。

3

만약 운이 좋게 귀사의 일원이 된다면, 최선을 다해 일하며 귀사의 발전에 기여하겠습니다.

もし運（うん）よく御社（おんしゃ）の一員（いちいん）になれましたら、最善（さいぜん）を尽（つ）くして御社（おんしゃ）の発展（はってん）に寄与（きよ）したいと思（おも）っております。

・最善（さいぜん）を尽（つ）くす 최선을 다하다

전공과 지원 분야가 다른 이유가 무엇입니까?

専攻と志望した分野が違う理由は何ですか?

다른 표현 専攻と志望した部署は関係ないと思いますが、その理由を教えてください。

♪ MP3 07_04

1

저는 대학에서 일본어를 공부하였습니다. 하지만 대학교 2학년 때, 부전공으로 무역학과를 선택하여 일본어와 무역에 관한 기초지식을 함께 익혔습니다. 경제자격증 3급을 가지고 있기 때문에 저의 제 2전공이 지원부서와 관련 있습니다.

私は大学で日本語を勉強しました。でも大学2年生の時、副専攻で貿易学科を選び、日本語と貿易に関する基礎知識を身に付けました。経済資格3級を持っているので、私の第2専攻が志望した業務に関係あると思います。

tip 이 질문은 지원하는 직무에 대해 얼마만큼 잘 이해하고 있는지가 가장 중요하다. 지원하는 분야에 대해 미리 분석하고 연구해 두어야 한다. 특히, 지원하는 회사에 본인의 전공과 같은 직무가 있음에도 불구하고 다른 직무에 지원했다면 이 질문을 받을 가능성은 더 커진다. 본인 전공의 장점을 잘 파악한 뒤, 그 장점을 지원 분야와 연관 짓는 것이 포인트이다.

2

제 전공은 서방문화문학입니다. 대학 공부를 통해서, 저는 서방국가의 생활 습관뿐만 아니라 그들의 사고방식에 대해서도 이해하게 되었습니다. 저는 이러한 공부가 해외 영업 부서에서 근무하는 데 도움이 될 것이라 생각합니다. 최근에는 귀사의 해외 영업부에 들어가기 위해 일본어 공부를 시작하였습니다.

私の専攻は西洋文化文学です。大学での勉強を通じて西洋の国のライフスタイルだけでなく、彼らの考え方についても理解するようになりました。このようなことが今後の海外営業部署で勤務することに役に立つと思います。最近、御社の海外営業部に入るために日本語の勉強を始めました。

❸

제 전공은 유아교육이지만, 저는 객실승무원 업무에 지원하였습니다. 객실승무원이라는 직업과 전공이 별로 관련성이 없어 보이지만 지난 4년간의 대학 생활을 통해 저는 사람과 사람 사이에 어떻게 소통해야 하는지, 아이들을 어떻게 돌봐야 하는지를 배울 수 있었습니다. 이러한 점들은 나중에 제가 승무원 일을 하는 데 큰 도움이 될 것이라 생각합니다.

私の専攻は幼児教育ですが、客室乗務員に志望いたしました。客室乗務員の仕事と専攻があまり関係ないように見えるかもしれませんが、4年間の大学生活を通じて人とのコミュニケーションの取り方や子供の世話の仕方などを学びました。このような点は、今後私が客室乗務員の仕事をする上で大きな助けになると思います。

・客室乗務員 객실승무원 ・大きな助けになる 크게 도움이 되다

우리 회사와 다른 업체에 모두 합격한다면 어떻게 하겠습니까?

とうしゃ　た しゃ　　どう じ　ごうかく
当社と他社に同時に合格したら、どうしますか?

다른 표현 とうしゃ い がい　かいしゃ　　　　ごうかく
当社以外の会社にも合格したら、どうするつもりですか?

🎵 MP3 07_05

1

저는 주저 없이 귀사를 선택할 것입니다. 대학교 3학년 때부터 귀사에 입사하는 것을 꿈꿔 왔습니다. 저에게 이것은 고민할 필요가 없습니다.

わたし　まよ　　おんしゃ　えら　　　　　だいがく　ねん　とき　　おんしゃ　にゅうしゃ　　　　　　ゆめみ
私は迷わず御社を選びます。大学3年の時から御社に入社することを夢見ていま
　なや　　ひつよう
した。悩む必要はありません。

・迷う 망설이다, 헤매다 ・悩む 고민하다

2

반드시 귀사를 선택할 것입니다. 저는 귀사의 회사 분위기가 아주 마음에 듭니다. 이는 제가 귀사에 입사하고 싶은 이유 중 하나입니다.

ぜったい　おんしゃ　せんたく　　　　　　　おんしゃ　ふん い き　　　　　　　き い　　　　　　おん
絶対に御社を選択いたします。御社の雰囲気がとても気に入りました。これは御
しゃ　にゅうしゃ　　　り ゆう　　　　　　ひと
社に入社したい理由のうちの一つです。

3

당연히 저는 귀사를 선택할 것입니다. 귀사에 입사하는 것은 제 어릴 적부터의 꿈이었습니다. 저의 꿈이 실현되기를 바랍니다.

とうぜん　おんしゃ　えら　　おも　　　　　おんしゃ　にゅうしゃ　　　　　こ ども　ころ　　　　　ゆめ
当然、御社を選ぶと思います。御社に入社することが子供の頃からの夢でした。
わたし　ゆめ　かな　　　　　　　　　いの
私の夢が叶えられることを祈ります。

・叶える 이루어 주다 ・祈る 기원하다, 진심으로 바라다

만약 불합격해도 우리 회사 제품을 쓰겠습니까?

もし、不合格でも当社の製品を使いますか?

다른 표현 万が一、面接に落ちたとしても当社の製品を使いますか?

🎵 MP3 07_06

1

당연히 사용합니다. 귀사의 제품이 전 세계적으로 손꼽히는 좋은 제품이라는 것은 누구나 알고 있는 사실입니다. 하지만 제가 귀사에 반드시 입사할 수 있으리라고 믿습니다.

当然、使うつもりです。御社の製品は世界でも指折りの製品を誇るのは誰でも知っていることです。でも、私は絶対に入社できると信じています。

· 指折る 손꼽아 헤아리다, 손꼽을 정도로 뛰어나다 · 誇る 자랑하다, 뽐내다

2

그런 일이 발생하지 않기를 바랍니다. 그래도 만약 떨어지게 된다고 해도, 귀사의 제품을 계속해서 사용할 것입니다. 상품의 품질은 구매자가 가장 중요하게 생각하는 부분이기 때문입니다.

そのようなことが起きないことを祈ります。それでももし落ちてしまったとしても、御社の商品を使い続けると思います。商品の品質は購入する者にとっては最も重要なことだからです。

· 品質 품질 · 購入 구입

3

이런 문제를 생각해 본 적은 없습니다. 저는 제가 귀사에 입사할 수 있으리라 믿습니다. 그래서 저는 계속해서 귀사의 제품을 사용할 것입니다.

そんなことは考えたこともありません。私は御社に入社できると信じております。ですので私は続けて御社の製品を使うつもりです。

당신이 생각하는 좋은 기업의 조건은 무엇입니까?

あなたが思ういい企業の条件は何ですか?

┄┄┄● **다른 표현** あなたが思う良い企業の条件とは何だと思いますか?

♬ MP3 07_07

1 저는 근무 환경이 가장 중요한 조건이라고 생각합니다. 하루 중 회사에서 근무하는 시간은 보통 9시간 이상으로 매우 깁니다. 만약 근무 환경이 좋지 않다면 견디기 힘들 것이라고 생각하기 때문입니다.

私は勤務環境が最も重要な条件だと思います。一日中会社で過ごす時間は普通 9時間以上でとても長いです。もし勤務環境がよくなかったとしたら、耐えられないと思うからです。

・耐える 견디다, 버티다

2 저는 사원 모두가 가족처럼 친해지기 쉬운 분위기가 가장 중요한 조건이라고 생각합니다. 제가 귀사를 선택한 이유 역시 이러한 이유 때문입니다.

私は社員みんなが家族のように親しみやすい雰囲気が最も重要な条件だと思います。御社を選んだ理由も正にその理由です。

・正に 바로, 정말로

3 저에게 좋은 기업의 조건이란 남녀 모두에게 평등한 승진 기회를 주는 것입니다. 귀사가 남녀에게 평등하다는 이야기를 듣고 지원하였습니다.

私にとって良い企業の条件とは、男女平等に昇進機会が与えられていることです。御社は男女平等だと聞き、志望しました。

앞으로 10년 후, 본인을 상상해 보세요.

10年後の自分を想像してみてください。
ねん ご じ ぶん そうぞう

다른 표현 10年後、あなたは何をしていると思いますか?
ねん ご なに おも

♫ MP3 07_08

1

10년 후, 저는 아마도 귀사의 차장이 되어 있을 것입니다. 10년간의 업무 경력과 회사의 지원으로 저의 능력을 충분히 발휘하고 있을 것이라고 믿습니다.

10年後、私はおそらく御社の次長になっていると思います。10年間の業務経験と会社のサポートの中で自分の能力を十分に発揮できていると思います。

· おそらく 아마, 어쩌면 · 次長 차장

2

10년 후, 저는 3개 국어를 구사할 수 있는 어학 능력을 갖춘 사람이 되어 있을 것입니다. 해외 근무를 필요로 하는 귀사에서 외국어는 불가결한 조건입니다. 따라서 저는 귀사에 입사한 후에도 열심히 외국어를 공부할 것입니다.

10年後の私は3ヶ国語が話せる語学力のある人になっていると思います。海外勤務を必要とする御社では外国語は不可欠な条件だと思います。従って、御社に入社した後も一生懸命外国語を勉強するつもりです。

· 不可欠な条件 불가결 조건, 필요조건 · 従って 따라서, 그러므로

3

10년이 지난 오늘을 상상해 봤습니다. 저는 미국에서 관광하고 있습니다. 그날이 바로 제가 승무원이 된 지 10주년이 되는 날이기 때문입니다. 저는 이미 1만 시간 이상을 비행한 사무장이 되었습니다. 저에게 승무원이 된 일은 제 인생에서 가장 훌륭한 선택이었다고 생각합니다.

10年が過ぎた今日を想像して見ました。私はアメリカで観光をしています。その日は私が客室乗務員になってちょうど10年になった日だからです。私は既に1万時間以上のフライトを終えたチーフパーサーになっています。私にとって客室乗務員になったことは人生の中で一番いい選択だと思います。

· ちょうど 꼭, 정확히 · チーフパーサー 수석 人·무장(chief purser)

応募者　失礼いたします。チョ・ヒラと申します。どうぞよろしくお願いいたします。

面接官　はい、どうぞ 席に 座ってください。

応募者　ありがとうございます。失礼します。

面接官　ここまで どうやって 来ましたか?

応募者　ここから あまり 離れていないところに 住んでいますので 電車で 30分くらい かかりました。

面接官　当社に ついて 知っている限り 教えてください。

応募者　御社は 1987年 設立された通信販売会社で 現在は 3,000人以上の従業員を 雇っている大企業です。また、様々な商品を 取り揃えて 販売し、既に 日本市場にも 進出しました。

面接官　あなたが 思う日本は どんな 国ですか?

応募者　日本は 歴史と 伝統を 大事にし、それを きちんと 受け継いでいる 国だと思います。どこの町を 訪ねても 現在と 過去が 調和した美しさが あります。昔からの 家業を 代々 継いでいることも 素晴らしいと 思います。

面接官　もし、今後 日本の本社で 勤務することに なっても 大丈夫ですか?

応募者　はい、もちろん 大丈夫です。私は 日本語を 専攻し、日本の文化にも 興味を持って 勉強してきました。もし 日本の本社で 勤務することに なりましたら、より 一層 成長する機会に なると 思います。

面接官　最後に話したいことはありますか?

応募者　私は コミュニケーション能力が 比較的 優れていると 思います。新しい環境や 同僚と すぐ 馴染める 自信があります。もし 御社に 入社することが できたら、一生懸命 努力します。どうぞよろしくお願いいたします。

면접자　실례하겠습니다. 조희라라고 합니다. 잘 부탁드리겠습니다.

면접관　네, 자리에 앉으세요.

면접자　감사합니다. 실례하겠습니다.

면접관　여기까지 어떻게 왔나요?

면접자　여기서 그다지 멀지 않은 곳에 살고 있어서 전철로 30분 정도 걸려서 도착했습니다.

면접관　우리 회사에 대해 아는 대로 말해보세요.

면접자　귀사는 1987년 설립된 통신판매 회사로서 현재 3,000여 명의 직원이 근무하고 있는 대
기업입니다. 또한, 다양한 상품을 판매하고 있으며 이미 일본 시장에 진출하였습니다.

면접관　그럼 본인이 생각하는 일본은 어떤 나라인가요?

면접자　일본은 역사와 전통을 소중히 여기고, 그것을 잘 계승해 나가는 나라라고 생각합니다.
어느 도시를 가도 현재와 과거가 조화를 이룬 아름다움이 자리 잡고 있습니다. 예부터
내려오는 가업을 지금까지 대대로 이어받고 있는 것도 대단하다고 생각합니다.

면접관　만약 나중에 일본 본사에서 근무해도 괜찮나요?

면접자　네, 물론 괜찮습니다. 저는 일본어를 전공하고 일본 문화에 많은 관심을 가지고 공부해
왔습니다. 만약 일본 본사에서 일하게 된다면, 한층 더 성장할 수 있는 기회가 될 것 같
습니다.

면접관　마지막으로 하고 싶은 이야기가 있나요?

면접자　저는 의사소통 능력이 비교적 뛰어난 편입니다. 새로운 환경에 적응하고 새로운 동료들
과 잘 어울릴 자신이 있습니다. 만약 귀사에 입사할 수 있다면 열심히 노력하겠습니다.
잘 부탁드리겠습니다.

8장

일본시사

<ruby>日<rt>に</rt>本<rt>ほん</rt>時<rt>じ</rt>事<rt>じ</rt></ruby>

Unit 1-1 당신이 생각하는 일본은 어떤 나라입니까?

Unit 1-2 최근의 일본의 변화하는 모습이라고 느끼고 있는 점은 무엇이 있나요?

Unit 2-1 가장 관심을 가지고 있는 일본 정치이슈는 무엇입니까?

Unit 2-2 가장 관심을 가지고 있는 일본 경제이슈는 무엇입니까?

Unit 2-3 가장 관심을 가지고 있는 사회적 문제는 무엇입니까?

Unit 3-1 가장 기억에 남는 일본 문화는 무엇입니까?

당신이 생각하는 일본은 어떤 나라입니까?

あなたが思う日本はどんな国ですか？

MP3 08_01

1

일본은 기술의 나라라고 생각합니다. 기초기술 분야에 있어서 세계적으로 명성이 자자합니다. 특히 자동차 산업의 기술 개발과 품질 관리, 효율성 향상을 위한 노력은 많은 나라에서 좋은 모델로 삼을 만큼 모범적인 사례라고 할 수 있습니다. 하지만 무조건적인 모방은 역효과를 초래할 위험성도 있습니다. JIT(Just in Time) 방식은 대표적인 산업 생산 부문의 혁신이라고 할 수 있지만 모든 경우에 적용할 수 있는 것은 아닙니다. 그 대로 따라 할 것이 아니라 그 노력의 과정을 잘 살펴보고 연구하는 것이 옳다고 생각됩니다.

日本は技術の国だと思います。基礎技術分野においては世界的な名声を誇っています。特に、自動車産業の技術開発と品質管理、効率性向上のための努力は、多くの国で良いモデルにするほど模範的なケースだと言えます。かと言って、なんでも真似するのは逆効果を産む危険性もあります。 JIT(Just in Time)方式は、代表的な産業生産部門の革新にもなりえますが、すべてのケースに適用できるものではありません。全てをそのまま受け入れるよりは、その努力の過程をしっかりと調べて研究することが大事だと思います。

・模範的 모범적 ・適用 적용

2

일본은 역사와 전통을 소중히 여기고, 그것을 잘 계승해 나가는 나라라고 생각합니다. 어느 도시를 가도 현재와 과거가 조화를 이룬 아름다움이 자리 잡고 있습니다. 예부터 내려오는 가업을 지금까지 대대로 이어받고 있는 것도 신기하다고 생각합니다.

日本は歴史と伝統を大事にし、それをきちんと受け継ぐ国だと思います。どこの町を訪ねても現在と過去が調和した美しさがあります。昔からの家業を代々継いでいることも素晴らしいと思います。

・受け継ぐ 계승하다, 이어받다 ・家業 가업 ・継ぐ 잇다, 계승하다

③

영원한 라이벌 관계라고 생각합니다. 모든 스포츠의 한일전은 결승전보다 더 흥미롭고 응원전도 대단합니다. 특히 2002년 월드컵 경기는 한국과 일본이 공동으로 개최하여서 더욱 라이벌 의식이 강해진 것 같습니다. 그때를 생각하면 지금도 흥분됩니다.

永遠のライバル関係だと思います。あらゆるスポーツの日韓戦は決勝戦より興味がわき、応援合戦も熱いです。特に2002年のワールドカップを日本と韓国が共同開催したことでライバル意識がより強まったと思います。当時を考えるといまだに興奮してしまいます。

・興味がわく 흥미가 솟다

tip 한국어로 면접을 볼 때는 '한일전', '한국과 일본'의 순서로 말해야 하지만, 일본어로 면접을 볼 때는 '일한전(日韓戦)', '일본과 한국(日本と韓国)'의 순서로 말하는 것이 면접에서 유리하게 작용할 수 있다.

④

일본 하면 가장 먼저 떠오르는 것은 우리나라와 관련된 과거의 역사입니다. 과거의 어두운 역사가 오늘날까지 청산되지 못하고 이어지고 있는 것이 한국과 일본 두 나라의 공생에 걸림돌이 되고 있다고 생각됩니다. 가깝지만 먼 나라라는 말이 세월이 지나도 여전히 공감된다는 것이 슬픈 현실이라고 생각합니다.

日本と言ったらまず先に思い浮かぶのは韓国と関係した過去の歴史です。過去の暗い歴史が清算されずに今日まで至ったのが、韓国と日本の共生の障害になっていると思います。近くて遠い国という言葉が、時間が経っても相変わらず共感できる現実が悲しいと思います。

・思い浮かぶ 마음에 떠오르다, 생각나다 ・清算 청산 ・至る 이르다, 도달하다 ・障害 장애, 방해물 ・相変わらず 변함없이, 여전히

최근의 일본의 변화하는 모습이라고 느끼고 있는 점은 무엇이 있나요?

最近の日本が変化していると感じるところがあったら、何だと思いますか?

♪ MP3 08_02

1

산업 기반이 되는 노동자 구성의 변화가 눈에 띕니다. 복합적인 이유가 있지만 표면적으로는, 외국인 노동자의 증가로 인해 일본 젊은이들의 일자리가 점점 줄어들고 있고 사회 전반적인 실업률이 높아졌다는 기사를 읽은 적이 있습니다. 하지만 요즘은 경기가 회복되면서 일손이 부족해져 많은 기업에서 외국인 근로자를 적극적으로 받아들이고 있다는 뉴스를 본 적이 있습니다. 이러한 경향은 우리의 미래가 될 수도 있다는 생각이 듭니다.

産業の基盤になる労働者の構成に変化があることが目立ちます。それには様々な理由がありますが、表面的には外国人労働者の増加で日本人の若者の仕事が減り、社会全般から見て失業率が高くなったという記事を読んだことがあります。しかし最近は、景気が回復したことで働き手が足りないため、多くの企業では外国人労働者を積極的に受け入れているとのニュースも耳にしました。このような傾向は韓国の未来にも起こりうることだと思います。

・耳にする 듣다

2

일본 하면 떠오르는 단어는 절약, 독서였습니다. 지금의 일본은 그것들과는 점점 거리가 멀어지고 있는 것처럼 느껴집니다. 전통이 잘 이어지고 있는 일본이기에 더욱 안타깝다고 생각됩니다.

日本といったら思い浮かぶ単語は、節約、読書でしたが、今の日本はそれとは段々と遠くなっているような気がします。伝統がしっかりと受け継がれる国だからこそ、もどかしいところだと思います。

・もどかしい 안타깝다

③ 사회 전반적인 '관리의 문제'가 일본의 변화하는 한 모습이라고 생각됩니다. 특히 철저한 매뉴얼 신화로 세계에서 인정받았던 일본이 자동차 업계 대량 리콜 사태, 후쿠시마 원전 사고 등에서 보여준 위기관리 능력은 실망을 넘어서 놀랍기까지 했습니다. 성공은 지키기가 더 어렵다는 말이 가슴에 와 닿았습니다.

社会全般の「管理の問題」が日本の変化における一つの姿だと思います。特に徹底したマニュアル神話として世界から認められた日本の自動車業界の大量リコールの事態、福島の原発事故などから見せられた危機管理能力は失望を超えて驚きの連続でした。成功とは守ることがより難しいという言葉に胸を打たれました。

・胸を打つ 가슴을 치다, 감동을 주다

가장 관심을 가지고 있는 일본 정치이슈는 무엇입니까?

最も興味を持っている日本の政治イシューは何ですか？

♪ MP3 08_03

1

일본의 개헌 문제가 국내외적으로 가장 큰 이슈일 것이라고 생각합니다. 한국뿐만이 아니라 많은 나라에서 일본은 과거 역사 청산에 소극적이라고 생각하고 있습니다. 그런 와중에 평화헌법을 개정하려는 일본의 일부 정치인들의 입장은 환영받지 못하고 있지만, 점점 그 일부의 목소리가 커지는 것이 걱정스럽습니다.

日本の憲法改正問題が国内外的に最も大きいイシューだと思います。韓国のみならず多くの国が日本は過去の歴史の清算に消極的だと思っているのではないでしょうか。そのような渦中にあって平和憲法を改正しようとする日本の一部政治家の立場は歓迎されない所もありますが、その声が大きくなりつつあることが心配になります。

· 憲法改正 개헌. 헌법 개정 · 消極的 소극적 · 渦中 와중 · 歓迎 환영

2

대북 문제입니다. 일본은 현재의 북한 문제를 통해 일본의 역할론을 내세워 군사무장을 한층 더 강화하려는 것이 아닌가 생각됩니다. 군사력 강화가 세계에 더 큰 목소리를 내기 위한 수단으로 사용하지 않기를 바랄 뿐입니다.

対北朝鮮の問題です。日本は、現在の北朝鮮の問題における日本の役割論を前面に立て、軍事力を一層増強しようとするのではないかと思われます。軍事力の強化が世界に向けてより大きな力を発揮するための手段として使われることがないように祈ります。

3

아베 정권의 지지율 하락입니다. 아베 정권은 과거 어느 총리보다 단기간에 높은 지지율과 장기 집권을 이룬 정부이지만, 반대로 인기 급락과 강한 퇴진 요구가 있는 현실입니다. 아베 정권이 이 난국을 어떻게 뚫고 나갈지가 궁금합니다.

安部政権の支持率の下落です。安部内閣は過去のどの総理大臣よりも短期間に高い支持率と長期政権を成し遂げた政府ですが、その反面で人気の急落と強い退陣要求もあるのも現実です。安部政権がこのような難局をどう乗り越えるか知りたいです。

· 政権 정권 · 支持率 지지율 · 内閣 내각 · 大臣 대신 · 退陣 퇴진

가장 관심을 가지고 있는 일본 경제이슈는 무엇입니까?

最も興味のある日本の経済イシューは何ですか？

♪ MP3 08_04

①

아베노믹스라고 불리는 경제 정책이 흥미롭습니다. 지금까지 자유무역주의였던 일본 정부가 외환 시장에 개입하여 그 효과를 통해 단기적인 이익을 취한 것이라고 개인적으로 판단합니다. 이러한 단기적인 성공이 장기적으로 유지가 될지는 2017년 현 단계에서도 아직은 예측하기 어려운 경제이슈라고 생각됩니다.

アベノミクスと呼ばれる経済政策が興味深いです。今まで自由貿易主義だった日本政府が為替市場に介入し、その効果を通じて短期的な利益を得たと、個人的に判断しています。このような短期的な成功が長期にわたって維持できるかは2017年の現時点からもまだ予断できない経済イシューだと思われます。

· 為替市場 외환 시장 · 介入 개입 · 維持 유지 · 予断 예단, 예측

> **tip**
>
> 아베노믹스(アベノミクス)란?
>
> 일본의 경기 회복, 20년 가까이 이어져 온 디플레이션과 엔고(円高) 탈출을 위해 모든 정책 수단을 동원하겠다는 아베 정권의 정책이다.

②

개인 소비의 침체를 관심 있게 보고 있습니다. 일본의 경제는 양적 완화로 인해 표면적인 경제는 살아나고 있는 반면, 개인적인 소비가 침체하고 있다는 결과가 보고되고 있습니다. 혁신적인 경제정책은 단시간에 평가할 수 없는 문제이기에 아베노믹스에 관해서는 지속적인 관찰과 평가가 필요하다고 생각됩니다.

個人消費の沈滞に興味を持って見守っています。日本の経済は量的緩和で表面経済は生き返っている反面、個人の消費は低迷しているという報告があります。革新的経済政策は短時間に評価できるものではないため、アベノミクスに関しては持続的な観察と評価が必要ではないかと思います。

· 沈滞 침체 · 緩和 완화 · 生き返る 되살아나다, 소생하다 · 低迷 저미, 나쁜 상태가 계속됨

③ '고령화 사회'의 문제입니다. 일본은 1990년부터 실버 경제를 예측했고, 그에 대한 다양한 대응책을 마련해 왔지만, 고령화가 심각해지자 혼란스러워하고 있습니다. 한국의 작은 농촌에서 말하는 아기의 울음소리가 들리지 않는다는 것이 도시의 현실로 나타나고 있습니다. 한국도 고령화 사회를 향해 가고 있지만, 일본은 더욱 심각한 상황이라고 들었습니다. 아이의 기저귀보다 노인용 기저귀의 판매량이 많다는 보고를 들었습니다. 경제 선진국의 공통된 문제라고는 합니다만, 일본뿐만 아니라 가까운 미래에 한국에도 닥칠 문제라 더욱 더 관심 있게 보고 있습니다.

「高齢化社会」の問題です。日本は1990年からシルバー世代の経済を予測し、それに対応するための政策を数々打ち出してきましたが、深刻化した高齢化で頭を抱えています。韓国でも小さな農村では赤ちゃんの鳴き声が聞こえないということが、都市でも現実として起こっています。韓国も高齢化社会に向かっていますが、日本は一層深刻な状況だと聞きました。幼児用のオムツより高齢者用のオムツの販売量が多いという報告もありました。経済先進国の共通した問題であるとは言えますが、日本だけではなく近い将来韓国も直面する問題なので関心を持って見守っています。

・打ち出す 내세우다 ・深刻化 심각화 ・頭を抱える 머리를 싸쥐다, 고민하다 ・向かう 향하다, 마주하다 ・オムツ 기저귀

118

가장 관심을 가지고 있는 사회적 문제는 무엇입니까?

最も興味のある社会問題は何ですか？

♫ MP3 08_05

1

'공모죄법'입니다. 실제 범행으로 이어지지 않더라도 범행을 모의 또는 협조한 것만으로도 처벌할 수 있는 법안입니다. 이 문제에 대해서는 과거에도 여러 논의가 있었지만, 2020년 도쿄 올림픽을 준비하고 있는 일본의 입장에서는 날로 심각해지고 있는 국제 테러를 배경으로 더욱 공론화가 되고 있습니다. 한편으로는 처벌을 위해서는 사전 정보 수집 등이 필요하기 때문에 국민 감시로 악용될 우려가 있다는 여론도 만만치 않은 상황이라 귀추가 주목됩니다.

「共謀罪法」です。実際に犯行まで至らなくても犯罪を計画あるいは協力する段階で処罰される法案です。この問題に対しては過去にも色々と論議はありましたが、2020年東京オリンピックを準備している日本の立場としては、日々深刻化している国際テロが背景にあり、公論化されました。一方、処罰のためには予め情報収集などが必要なため、国民監視に悪用される恐れもあるとの世論もあがっていて、その成り行きが注目されています。

· 予め 미리, 사전에 · 恐れ 두려움, 우려 · 成り行き 경과, (되어 가는) 형편

2

최근의 이슈는 아니지만, 지속적인 영토 분쟁의 이슈에 관심이 있습니다. 일본의 독도 문제 이슈화는 지속적이고 체계적이며 장기적인 '작전'이라는 생각이 듭니다. 국가적인 이슈임에도 불구하고, 초기에는 많은 관심을 불러 모으지 못했지만, 지금은 '혐한' 문제의 일부가 될 만큼 표면화되었다고 생각됩니다. 반면, 러시아와의 북방 4개 섬의 영토 분쟁은 비교적 조용한 것이 의문스럽습니다.

最近のイシューではありませんが持続的な領土紛争のイシューに関心がありました。日本の「独島」問題に対するイシューは持続的かつ体系的で長期的な「作戦」だと思われます。国家的なイシューであるにもかかわらず、初期には大きな関心は寄せられなかったのですが、今は「嫌韓」問題の一部になるほど表面化しました。一方、ロシアとの北方四島の領土紛争は比較的騒がれないことが疑問です。

· 騒ぐ 떠들다, 소란 피우다

3

보수적인 일본 사회의, 특히 정치권의 우머노믹스가 눈길을 끕니다. 이 이슈를 정치적이 아닌 사회적인 이슈로 평가하고 싶은 이유는 정치적인 관심을 이끌어 내기 위해서는 사회적인 공감대가 충분하게 형성되어 있어야 하기 때문입니다. 여성의 적극적인 정치 개입을 반기지 않았던 일본에서 여성이 정치 리더로서의 한 역할을 담당하는 것, 더 나아가서는 가까운 미래에 최초의 여성총리가 탄생할 것이라는 기대를 걸어 봐도 좋을 것 같습니다.

保守的な日本社会の、特に政治におけるウーマノミクスが目を引きます。このイシューを政治的ではなく社会的な観点で評価したい理由は政治的な関心を引き出すためには、社会的共感が十分に形成されなくてはならないからです。女性の政治への積極的な参加を好まなかった日本で女性が政治的リーダーとして一翼を担うこと、さらには初の女性総理大臣の誕生がそう遠くないうちに叶うという期待もできると思います。

· 保守的 보수적 · 目を引く 눈(길)을 끌다 · 一翼 한 역할 · 担う 짊어지다, (책임 따위를) 떠맡다

tip

우머노믹스(ウーマノミクス)란?

여성(woman)과 경제학(economics)의 합성어로 여성이 경제 분야를 주도해 나가는 현상을 말하며, 우먼나이제이션(womanization)과 유사한 용어이다.

가장 기억에 남는 일본 문화는 무엇입니까?
最も記憶に残る日本の文化は何ですか？

다른 표현 最も記憶に残る日本の文化的な要素は何ですか？

1

한신·아와지 대지진, 동일본 대지진 쓰나미 등 자연 재해의 큰 혼란 속에서도 질서를 지키며 남을 배려하는 문화가 존경을 넘어 무서울 정도였습니다. 그렇게 큰 재해 속에서 수많은 사람들이 냉정함을 유지할 수 있다는 것이 신기하게 느껴집니다. 빈번한 재해 경험과 혼란이 가져다 준 인식이라고 생각하면 그 과정의 혹독함과 고통이 전해져 마음이 아픕니다. 그 냉정함은 배워야겠지만 그런 일이 일어나지 않기를 바랍니다.

阪神・淡路大震災、東日本大震災の津波など、大きな自然災害の混乱の中でも秩序を守り、他人を配慮する文化は尊敬を超えて少し恐ろしいほどでした。それほど大きな災害の中で大勢の人々が冷静を保つことができるというのは何だか不思議な感じがします。頻繁な災害の経験と混乱から悟った認識だと思うとその過程の厳しさや苦痛が伝わり、胸が痛いです。そのような冷静さは見習うべきではありますが、そうならないようにと祈ります。

· 自然災害 자연 재해 · 秩序 질서 · 頻繁 빈번, 잦음 · 悟る 깨닫다 · 苦痛 고통 · 〜べき (응당) 그렇게 해야 할

2

열심히 공부하는 문화가 기억에 남습니다. 제가 다녔던 대학교의 일반인을 대상으로 한 오픈강좌는 거의 만석이었으며, 나이가 많으신 분들이 많았습니다. 참석하는 분들의 지식 수준도 상당히 높았으며, 지속적으로 참여하고 계셨습니다. 그분들은 개별적으로 그룹 활동도 하고 계셔서 그것마저도 놀라웠습니다. 새로운 학문이나 활동에 대한 탐구 정신과 열정은 정말 대단하다고 생각합니다.

勉強熱心ということが頭に残っています。私が在籍していた大学は一般人対象のオープン講座はいつも満席で高齢の方が結構多かったです。参加する方の知識レベルも相当高く、それに継続的に参加していました。その方たちは個別のグループ活動もされていてそれさえも驚きでした。新しい学問や活動に対する探求精神と情熱は本当にすごいものだと思います。

· 在籍 재적

3

남을 배려하는 문화란, 남에게 피해를 주고 싶지 않다거나 민폐를 끼치지 않아야겠다고 생각하는 것이지만, 뒤집어 말하면 자신도 남에게 피해를 입고 싶지 않은 걸지도 모르겠다는 생각이 듭니다. 엘리베이터에 타 있던 사람이 내리면서 닫힘 버튼을 누르고 내리는 문화가 예전에는 없었지만, 지금은 자리를 잡았다고 생각합니다. 여러분은 이 문화를 어떻게 받아들이시겠습니까?

他人に配慮する文化というのは、他人に被害を与えたくない、または迷惑になるまいと思うことですが、裏返して言えば自分も人から迷惑を被りたくないことかもしれないという気がします。エレベータに乗っていた人が降りる時、「閉まる」ボタンを押してから降りるということは昔はなかったのに、今は根付いたと思います。皆さんはこのような文化をどう受け止めていますか。

· 裏返す 뒤집다 · 被る (들)쓰다, 뒤집어쓰다 · 根付く 뿌리내리다, 뿌리박다 · 受け止める 받아들이다

일본 회사 선배가 말해주는 일본 취업 이야기!

Q. 일본 취업이라고 하면 일본어가 걱정인데요, 일본어가 어느 정도 실력이신가요?

A. 대학을 졸업하고 일본에 취업했을 당시 JPT 950점, JLPT N1급을 취득한 상태였습니다. 일본어는 대학에서 전공으로 4년간 공부했고, 따로 유학이나 교환 학생을 간 적은 없지만, 대학교 2학년 시절부터 일반적인 일본어 학습 외에도 아르바이트를 통해 통·번역 경험을 쌓아갔습니다. 현재 일본어를 사용한 의사소통, 사업계획서·보고서·메일 작성, 프레젠테이션, 통·번역은 큰 문제 없이 할 수 있습니다.

Q. 일본 취업 프로그램을 어떤 경로로 알게 되었는지?

A. 저는 일본에서 근무할 수 있는 진로를 알아보기 위해 유학이나 취업 등 많은 방면으로 정보를 찾아다녔습니다. 그러던 중 2014년에 매해 서울과 부산에서 개최되는 일본 유학 박람회에서 「JET 프로그램」에 대해 홍보하는 것을 보았습니다. 주한일본대사관 공보문화원 담당자님의 안내를 통해 외국 청년이 일본 정부의 초청으로 지방자치단체 비정규직(계약직) 공무원(1년 단위 계약, 최장 5년간)으로 국제 교류 업무에 종사하는 청년 교류 프로그램이라는 것을 알고 지원하게 되었습니다

〈참고 홈페이지〉
주한일본국대사관 공보문화원 JET프로그램 홈페이지
http://www.kr.emb-japan.go.jp/cult/JET.html
일반재단법인 지자체국제화협회(CLAIR) JET프로그램 홈페이지(일본어)
http://jetprogramme.org/ja/
일반재단법인 지자체국제화협회(CLAIR) 서울사무소 JET프로그램 홈페이지(한국어)
http://korea.clair.or.kr/jet/about_jet.asp

Q. 일본에서 취업하셔서 근무 중이신데 집은 제공되나요?

A. 주거와 같은 직원 복지는 일본 기업, 지자체마다 제각각 다릅니다. 제가 일하고 있는 곳은 직원 주택이 제공됩니다. 보증금이나 레이킨(사례금)도 없고 월세도 일반적인 일본 주택의 월세의 1/3

수준으로 저렴합니다. 다른 일본 국내 회사에 다니는 지인의 사례를 들어보면 일반 주택에 입주하되 회사에서 주택과 계약하여 입주 절차나 매달 납부하는 월세를 어느 정도 보조해주기도 합니다. 그러나 직장에서 아무런 지원이 없어 자신이 직접 부동산을 통해 주택을 구하는 경우도 있습니다.

Q. 일본에서 취업해서 좋은 점은?

A. 일본 현지 직장에서 일하면서 한국에서 체험할 수 없는 다양한 경험을 쌓을 수 있다는 점을 가장 큰 매력으로 느끼고 있습니다. 저는 유학 경험도 없어 여행을 다니면서, 그리고 막연하게 드라마나 뉴스, 인터넷 등의 매체를 통해 나오던 일본의 모습만 봐 왔습니다. 그런데 이곳에서 일하고 생활하면서 많은 현지 일본인 또는 이곳에서 활동하는 외국인들을 만나 현지에서만 즐길 수 있는 지역 곳곳의 이벤트나 명소, 맛집 등 일본 그 자체를 생생하게 접하고 경험할 수 있었습니다.

직장 문화나 복지는 회사마다 천차만별이어서 단언할 수는 없지만, 한국에 비해 대체로 일과 사생활의 구분이 잘 되어 있습니다. 예를 들면, 직장에서 근무 시간 내에는 열심히 일하지만 퇴근하면 웬만한 중요한 안건이 아닌 이상 상사로부터 개인 전화나 메시지로 연락이 오는 일은 없습니다. 또한, 출장이나 휴가, 수당 등도 규정대로 시행되고 지급되고 있습니다.

Q. 일본에서 일한 경험이 후에, 한국 기업으로 경력직 이동 시 유리한 부분이 있나요?

A. 한국 기업마다 필요로 하는 인재가 다르기 때문에 100% 그렇다고 단언할 순 없지만, 일본의 어떤 분야의 회사에서 어떠한 일을 했느냐에 따라 한국 기업으로 경력직 이동 시 메리트가 될지가 결정될 것 같습니다. 일본 기업과 거래를 하고 있어 일본어 가능자가 필요한 한국 기업에서는, 자신의 능통한 일본어 실력과 일본 현지에서의 근무 경험이 내세울 수 있는 메리트가 된다고 생각합니다. 또한, 관광, 제조업(반도체, 중공업 등), 화학 등 일본 회사와 같은 업계 또는 관련 업계에서의 경험이 있다면 더욱 좋을 것 같습니다.

앞서 말한 JET 프로그램의 참가자들은 대부분 해당 일본 지자체에서 「국제 교류」 업무를 담당했기 때문에, 한국으로 돌아와서는 일본 교류와 관련된 국제 교류 센터나 지자체 공무원, 한국어 교사 등으로 근무하고 있습니다. 참가자들이 담당했던 국제 교류 업무도 일본 지자체마다 상황이 상이하다 보니 각자 그곳에서의 경험을 살려 일반 한국 기업이나 학교에서 일하기도 하고, 일본 현지 기업에 취직하여 근무하고 있는 경우도 적지 않습니다.

Q. 나만의 일본 기업 취업 팁, 혹은 취업 스토리

A. 제가 일본 취업을 준비했던 2015년에도 취업난이 심각했지만, 일본 기업에 취업하기 위한 정보가 많이 부족했습니다. 일본어를 공부하여 회화가 가능했어도, 구체적으로 어떻게 준비해야 할지 막막했습니다. 일본 기업의 채용 구조부터 시작하여 이력서 작성 방법, 일본 기업의 면접 상식, 문화 등 궁금한 것과 풀어나가야 할 것들이 많았습니다.

최근에는 인터넷을 통해 많은 정보를 얻을 수 있게 되었지만, 저는 직접 보고 경험한 것이 큰 도움이 되었습니다. 일본 유학, 취업과 관련된 정보들을 막연하게 인터넷으로만 찾아보다가 실제로 박람회, 설명회 등에 가 보니 생생한 정보와 시장의 현황까지 알 수 있었고, 일본 기업이 어떠한 인재를 필요로 하는지 듣고 실감할 수 있었습니다.

일본에서 일할 때 가장 중요한 것은 무엇보다 일본어, 그리고 일본 문화에 대한 이해였기에 매일매일 일본 라디오와 뉴스를 듣고 일본 상식과 일본어 학습을 계속하였습니다. 일본 면접을 대비할 때는 방에서 카메라로 녹화하면서 입장부터 퇴장까지 몇 번이고 연습하기도 했습니다.
제가 갖고 있는 경험과 지식이 저를 채용하는 이들에게 있어 어떠한 메리트가 있는지 확인하고 저 자신을 점검하여 자신감 있게 임하였기에 현재 일본에서 일하고 있을 수 있는 것 같습니다.

Q. 걱정만 하고 있을 취업 준비자들에게 한마디

A. 우리나라가 아닌 외국(일본)에서 생활하고 일을 한다는 것 자체가 큰 도전이고 많은 어려움이 있을 것이라고 생각합니다. 정보도 부족하고 심지어 언어와 문화의 장벽까지 있지요. 자신이 일본에서 살고 싶고 일본에서 근무할 준비와 각오가 됐다면, 때가 늦기 전에 도전해보시기 바랍니다.

現 시즈오카 투어리즘 뷰로 (静岡ツアーリズムビューロー) 국제교류원(CIR) 이석영

9장

보너스 질문

ボーナス質問

Unit 1-1 면접장까지 어떻게 왔나요?

Unit 2-1 오늘 면접을 위해서, 어제 무엇을 준비했나요?

Unit 3-1 지금 기분이 어떤가요?

Unit 4-1 자기 자신에게 점수를 준다면 몇 점을 주겠나요?

면접장까지 어떻게 왔나요?

面接会場までどうやって来ましたか?

●---● **다른 표현** ここまで、どうやって来ましたか?

🎵 MP3 09_01

1

저는 전철을 타고 왔습니다. 회사까지 20분 정도 걸렸습니다.

···

私は電車で来ました。会社まで20分くらいかかりました。

2

집에서 회사까지 바로 오는 버스가 있습니다. 버스로 40분이면 회사에 도착합니다.

···

家から会社まで行くバスがあります。バスで40分ぐらいで会社に着きます。

3

사실 집에서 회사까지 굉장히 가까워서 걸어왔습니다. 걸어서 15분 만에 도착했습니다.

···

実は家からとても近く、歩いて来ました。歩いて15分かかりました。

오늘 면접을 위해서, 어제 무엇을 준비했나요?

今日の面接のために昨日は何を準備しましたか？

다른 표현 今日の面接のために昨日は何をしましたか？

♪ MP3 09_02

1

우선 오늘 가지고 와야 하는 목록을 보면서 제출해야 하는 서류를 준비해두었습니다. 그리고 한국어와 일본어 면접을 준비했습니다. 특히, 일본어로 면접 보는 것이 쉽지 않기 때문에 제 생각을 어떻게 표현할지 연습했습니다. 마지막으로 오늘 입을 정장을 준비했습니다.

まず、今日の持ち物リストを見て提出する書類を準備して置きました。そして韓国語と日本語の面接の練習をしてみました。特に日本語で面接を受けるのは簡単ではないので、私の考えをどのように表現するかを練習しました。最後に今日着るスーツを用意して置きました。

・用意 준비, 대비

2

저는 어제 귀사와 관련된 새로운 소식을 찾아보았습니다. 그리고 선배에게 면접 전에 준비해야 할 것들에 관해 물어보았으며, 면접 볼 때 가장 중요한 것은 긴장하지 않아야 한다고 조언을 얻었습니다. 긴장하지 않고 저의 장점을 최대한 발휘할 수 있도록 마인드 컨트롤을 하였습니다.

私は昨日、御社の最新情報を調べました。そして先輩に面接前に用意すべきものについて聞き、面接を受ける時に大切なのは緊張しないことだとアドバイスをもらいました。緊張せずに自分のいいところをできるだけアピールするために心の準備をしました。

・アピール 어필

지금 기분이 어떤가요?

今の気持ちはどうですか？

🎵 MP3 09_03

1

이 자리에 오게 되었다는 사실 자체가 저에게는 영광입니다. 이번이 저의 첫 면접이기 때문에, 어떤 결과가 나오든 받아들일 수 있습니다.

この場にいられること自体が私にとっては光栄です。今回が初めての面接だったのでどんな結果でも受け入れるつもりでいます。

2

면접에 오게 되어 정말 영광입니다. 좋은 결과로 이어지기를 바랄 뿐입니다.

面接を受けることができてとても光栄です。いい結果につながることを祈るばかりです。

3

먼저 저에게 면접기회를 주셔서 매우 감사합니다. 조금 긴장되지만, 최선을 다해 임하겠습니다. 마지막까지 잘 부탁드리겠습니다.

まず、面接の機会をくださって本当に感謝しております。少し緊張しておりますが、一生懸命頑張りますので、最後までよろしくお願いいたします。

4

면접이 막 시작되었을 때에는 조금 긴장했습니다. 하지만 점점 면접 분위기에 적응되어, 지금은 그렇게 긴장되지 않습니다.

面接が始まったばかりの時は少し緊張もしましたが、少しずつ雰囲気が和らいできて今は大丈夫です。

・和らぐ 누그러지다, 풀리다

자기 자신에게 점수를 준다면 몇 점을 주겠나요?

自分に点数をつけるとしたら、何点ですか?

♪ MP3 09_04

1

저는 80점이라고 생각합니다. 저는 대학교 1학년 때부터 지금까지, 열심히 공부하였고 다양한 사회활동에도 적극적으로 참여해 왔다고 자신 있게 이야기할 수 있습니다. 그래서 성적뿐만 아니라 인간관계에도 자신이 있습니다.

私は80点だと思います。大学1年生から今まで一生懸命勉強し、色んな社会活動にも積極的に参加してきたと自信を持って話すことができます。それで成績だけでなく、人間関係にも自信があります。

2

70점을 주고 싶습니다. 저는 열심히 공부했지만 노는 것도 열심히 놀았습니다. 그래서 지금은 어떤 상황에서든 빠르게 대응하고 문제를 해결할 수 있습니다.

70点をあげたいと思います。私は一生懸命勉強もしましたが、遊んだりもしました。それで今はどんな状況でも素早く対応し、問題を解決できると思います。

일본어에 자신 있는 여러분!
여러분은 일본어 줄임말에 대해 얼마나 알고 있나요?

일본인과 대화를 하다 보면 일본어를 어느 정도 구사하는데도 불구하고 중간중간 알아듣지 못하는 단어들이 들려오곤 합니다. 바로 일상생활에서 많이 사용하는 '줄임말' 표현 때문입니다. 일본인들도 우리나라 못지 않게 줄임말을 많이 사용하는데 특히, 외래어를 줄여 쓰는 경우가 많습니다.

예를 들면, スマートフォン(스마트폰)을 スマホ[스마호], アニメーション(애니메이션)을 アニメ[아니메], ワーキングホリデー(워킹홀리데이)를 ワーホリ[와-호리], スーパーマーケット(슈퍼마켓)을 スーパー[스-파-], スターバックス(스타벅스)를 スタバ[스타바]라고 줄여서 말합니다.

지역에 따라서 줄임말에도 조금씩 차이가 있는데요, 여러분들이 흔히 알고 있는 マクドナルド(맥도날드)는, 도쿄(東京)를 포함한 일본 대부분 지역에서는 「マック」(막크)라고 부르는데 반해, 오사카(大阪)를 비롯한 킨키 지방(近畿地方)에서는 「マクド」(마크도)라고 부릅니다.

2016년 맥도날드재팬의 자체 조사에 따르면, 「マクド」라고 부르는 지역은 오사카부(大阪府), 교토부(京都府), 나라현(奈良県), 와카야마현(和歌山県), 효고현(兵庫県)뿐이며, 「マック」와 「マクド」둘 다 사용하는 지역은 미에현(三重県), 시가현(滋賀県), 그리고 시코쿠 4현(四国4県)에 해당하는 도쿠시마현(徳島県), 카가와현(香川県), 에히메현(愛媛県), 고치현(高知県)으로, 일본 전 지역 중에 「マクド」라고 부르는 지역은 둘 다 부르는 지역을 포함해 이 11부 현(11府県)뿐이라고 합니다.

얼마 전 2017년 8월에는 맥도날드의 애칭을 두고 「マック」VS「マクド」(막크 VS 마크도) 둘 중 하나를 뽑는 캠페인을 하는 등 재미있는 이벤트가 이루어졌다고 하는데요, 「マック」가 49%, 「マクド」가 51%로, 근소한 차이로 「マクド」가 승리를 했다고 합니다.

이처럼 일본에는 재미있는 줄임말 표현이 많습니다. 일본어 공부를 하다가 흥미를 잃어갈 때쯤, 일본어 줄임말이나 한국어와 비슷한 속담이나 표현 등을 찾아보면서, 일본어에 재미와 흥미를 다시 찾아보는 건 어떨까요?

서류 전형부터
면접까지 완벽 대비!

- 서류 준비

- 면접 준비

- 실전 면접 리허설

이력서 작성하기

최근 일본에서도 인터넷 지원이 늘어났다고는 하지만, 아직 약 80% 이상의 일본 기업이 자필 이력서를 우편으로 받고 있습니다. 다음 예시를 참고하여 자필 이력서 작성법을 알아보고, 본인만의 이력서를 작성해 봅시다.

이력서를 직접 작성해보세요 → p.159

이력서 · 자기소개서 예시

履歴書・自己紹介書　2018 年 4 月 26 日現在

ふりがな	きむ　はん　ぐく		性別
氏　名	金　韓　國　㊞		女
生年月日	1994 年 5 月 15 日生(満　23　歳)		
ふりがな	とうきょうと　ちゅうおうく　かちどき		
現住所	〒104-0054 東京都　中央区　勝どき 5丁目 8-4 TEL(03) 1234 - 1234　携帯電話 090 - 1234 -1234		
E-mail	smart-japanese@mensetsu.com		
緊急連絡先または帰省先　　TEL(080) 9876 - 9876			

この部分だけのりづけ

写　真
(3 x 4)

写真の裏面に
氏名を記入すること。

사진 뒤에 유성 볼펜으로 본인 이름 작성하기! ◀------
이때, 이름이 번지거나 볼펜 자국이 남지 않도록 주의!

学歴・職歴

年	月	学　歴　・　職　歴
		学　歴
2007	2	韓国　中央初等学校　卒業
2010	2	韓国　中央女子中学校　卒業
2010	3	韓国　中央高等学校　入学
2013	2	韓国　中央高等学校　卒業
2013	4	東京産業大学　工学部　情報システム工学科　入学
2018	3	東京産業大学　工学部　情報システム工学科　卒業見込み
		職　歴
		なし
		以上

━ 기졸업자는 학생 시절을 떠올리며
흥미 있었던 과목 작성하기!

━ 구체적인 경험을 바탕으로 작성하기!

自己紹介書

研究課題または興味ある科目

【興味ある科目：外国語】
私は外国語に興味があります。外国語を習えば、その国の文化をよく理解することができるからです。
私は日本語と英語が話せます。最近は中国語にも興味があり、勉強を始めました。

学生時代に力を注いだこと

国境を越える温かい笑顔でお客様に接しました。私は3年ほど銀座にあるベルギーのチョコレート屋で
アルバイトをしています。アルバイトを始めた当初、販売も初めてで、接客はおろかチョコレートの名前を覚えるのに
精一杯でした。しかし、常に笑顔で接客している内に常連のお客様との会話が弾むようになり、私の中で段々と
自信がついてきました。

資格・インターンシップ等	趣味・特技
【資格】日本語能力試験N1級、ビジネス検定2級 【免許】普通自動車第一種運転免許	【趣味】野球観戦 【特技】ヘアアクセサリーづくり

自己PR

私の長所は何事にもチャレンジし、最後まで諦めず、一生懸命努力するところです。学生時代、マラソン
大会に参加したことがあります。最初は単純に長距離をひたすら走るだけでいいと思っていましたが
走るにつれ諦めたくなりました。それでも諦めず、最後まで頑張った末、コースを完走することができました。
私はそのマラソンを通じて自分の限界を乗り越えた気がして誇りに思っています。

その他自由記述欄

99%、「NO」と言っても1%の可能性があれば「YES」と信じ、あきらめず挑みます。何事にも挑戦し、
最後まで頑張ります。

※ 黒インク、楷書、算用数字で記入すること

자기소개서 예시 해석 → p.158

━ 본인만의 스토리를 간결하고 임팩트 있게!

━ 공란으로 두지 말고 본인만의 목표 등을 작성하기!
절대 공란으로 제출하지 말 것을 명심하자!

이력서 작성 시 글자가 틀릴 가능성도 있으므로, 연필로 미리 한번 작성한 후에 펜으로 작성하는 것을 추천합니다. 대신 작성이 끝난 뒤에는 지우개로 깨끗이 지우는 것도 잊지 맙시다. 그리고 증명사진 뒤에 이름을 쓸 때는 볼펜 자국이 남거나 이름이 번지지 않도록 유의해야 합니다. 여러분이 생각지도 못한 곳에서 좋은 인상을 남길 수도, 나쁜 인상을 남길 수도 있다는 점을 염두에 두고 정성스럽게 이력서를 작성하여 꼭 합격하시길 바랍니다.

면접 복장, 어떻게 입어야 할까?

'귀하께서는 서류 전형에 합격하셨습니다.'라는 연락을 받으면 '아, 뭘 입고 가지? 머리는 어떻게 하지? 신발은 어떤 것을 신고 갈까?'라는 생각이 제일 먼저 들겠죠. 이런 여러분의 고민을 한 방에 해결하고 오직 면접에만 전념할 수 있도록 제가 도와드릴게요. 특히, 면접을 한 번도 본 적이 없는 분, 그리고 한국에서는 면접 경험이 있지만 일본 현지 면접 경험이 없는 분은 꼭 주목하세요!

여러분은 일본의 '리크루트 슈트'를 아시나요? 리크루트 슈트(リクルートスーツ)란, 'recruit + suit'를 합친 말로, 말 그대로 취업 활동을 시작한 학생이 회사에 방문하거나 취직 시험 등을 보러 갈 때 입는 수수하고 획일적인 정장을 말합니다. 이를 줄여서 「リクスー」나 「就活スーツ」라고도 부릅니다. 이런 말이 생겨날 정도로 취업을 준비하는 사람들에게는 리크루트 슈트를 갖춰 두는 것이 필수입니다.

다음 면접 복장에 관한 팁은 한국에서 면접을 보는 사람들보다는 일본 현지에서 면접을 보는 사람들이 꼭 참고해 둬야 할 부분입니다. 한국에서처럼 개성이 드러나는 정장을 착용하고 일본 현지의 면접이나 채용 설명회에 간다면 낭패를 볼 수 있으니 주의하세요.

일본 현지 면접의 기본인 리크루트 슈트부터 스마트하게 준비해서 스마트하게 합격합시다!

얼굴(男)
- 피부 트러블이나 홍조가 있다면 가볍게 BB크림으로 커버하는 것을 추천
- 수염과 코털 정리는 필수!

머리(男)
- 단정하고 깔끔한 스타일.
- 눈썹이 보이도록 하며, 구레나룻이 너무 길지 않도록 주의!

머리(女)
- 긴 머리는 쪽머리나 포니테일로 단정하게 묶기. 단발머리는 헤어 스프레이 등으로 고정하고, 옆머리를 귀 뒤로 넘겨 흘러내리지 않도록 함.

메이크업(女)
- 자연스러운 피부 표현과 또렷한 인상을 줄 수 있는 색조 화장.
- 지나치게 진한 메이크업은 NG!

와이셔츠(男)
- 흰색이 기본이나 연한 하늘색도 무관함. 본인의 피부색에 맞게 선택.
- 구김, 얼룩이 없는지 체크!

액세서리(女)
- 목걸이는 되도록 착용하지 않으며, 귀걸이는 귀에 딱 붙는 진주나 큐빅 귀걸이를 선택. 지나치게 화려하거나 달랑거리는 귀걸이는 NG!

넥타이(男)
- 본인과 어울리는 색상의 민무늬 또는 스트라이프 무늬를 선택.
- 도트 무늬나 검정 또는 흰색의 민무늬 넥타이, 니트 소재의 넥타이는 NG!

블라우스(女)
- 옷깃이 있는 흰색이 기본이나 연한 하늘색, 연한 핑크도 무관함. 본인의 피부색에 맞게 선택.
- 구김, 얼룩이 없는지 체크!

슈트(男)
- 검정이 기본이나 회색, 남색도 무관함.
- 재킷은 2버튼이나 3버튼을 선택하며, 3버튼 재킷의 경우 위 2개의 단추만 잠그고 마지막 단추는 풀어 두기.
- 구김, 얼룩이 없는지 체크!

슈트(女)
- 검정이 기본이나, 회색, 남색도 무관함.
- 2버튼이나 3버튼 재킷이 기본이나, 패션·IT업계의 경우 1버튼도 무관함.
- 하의는 스커트가 기본이며, 정장 바지도 무관함.

가방(男)
- 검정, 갈색, 남색의 심플한 서류 가방.
- 장식이 지나치게 많거나 고가의 브랜드 가방은 NG!

가방(女)
- 무늬 없는 심플한 검정색 서류 가방.
- 장식, 색상이 화려하거나 고가의 브랜드 가방은 NG!

양말(男)
- 검정, 진한 회색, 남색의 목이 있는 양말.
- 목이 없는 양말이나, 흰색 양말, 패션 양말은 NG!

구두(男)
- 검정, 갈색의 심플한 구두.
- 반짝반짝 잘 닦여져 있는지 체크!

구두(女)
- 심플한 검정 펌프스 구두.
- 굽이 지나치게 높거나 가는 하이힐은 NG!

스타킹(女)
- 살색 또는 커피색. 올, 구멍 체크는 필수! (만일에 대비해 여분의 스타킹을 챙겨 갈 것)
- 검정색, 또는 진한 색의 타이즈는 NG!

절대 간과해서는 안 되는 면접 매너

면접에서 가장 중요한 비중을 차지하는 평가 요소는 바로 '첫인상'입니다. 지원자의 표정과 복장, 그리고 전체적인 이미지는 첫인상을 결정하는 가장 중요한 요인이 됩니다. 그렇다면 여러분은 단 몇 분간의 면접에서 자신의 장점을 최대한 발휘해야겠죠? 또, 여러분이 생각지도 못한 부분에서 합격과 불합격이 결정되기도 하는데, 여러분이 놓치기 쉬운 이 '생각지도 못한 부분'의 작은 실수 때문에 불합격하는 일이 없도록 제가 알려 드릴게요! 면접 하루 전날부터 이미 면접이 시작되었다고 생각하며 '이미지 트레이닝'을 해보세요.

면접 하루 전

① 면접에 필요한 준비물 챙기기!

▶ 신분증

가장 중요합니다. 신분증이 없으면 본인 확인이 되지 않으므로 확인하고 또 확인해야 합니다. 자칫하면 지금껏 준비해 온 면접에 참여조차 못 하고 지금까지의 노력이 물거품이 되어버릴 수도 있기 때문이죠. 일본 현지에서 면접을 본다면 여권을, 한국에서 면접을 본다면 주민등록증, 운전면허증 또는 여권을 꼭 지참하길 바랍니다.

※학생증은 인정해 주지 않는 곳이 있으므로 꼭 회사에서 명시해 준 신분증이나 위 3가지 중 하나의 신분증을 지참합시다.

▶ 슈트, 구두, 가방 등의 청결 상태 확인. 그리고 손목시계.

현대인들은 휴대전화를 많이 이용하기 때문에 평소에 손목시계를 잘 착용하지 않지만, 면접에 갈 때는 꼭 손목시계를 착용하도록 합니다.

▶ 제출해야 할 서류

면접 당일에 졸업증명서, 경력증명서, 또는 어학증명서를 제출해야 하는 기업들이 많으므로 꼭 확인하고 필요한 서류를 준비합니다.

② 면접 대비하기!

▸ **최근 뉴스, 면접 볼 회사의 최신 소식을 확인.**

인터넷을 통해 최신 정치, 경제, 사회 이슈, 환율 등을 확인하고, 가장 최신 뉴스 토픽을 하나 정도는 기억해 두는 것이 좋습니다. 그리고 지원하는 회사의 홈페이지에 들어가 최신 뉴스를 확인하는 것도 잊지 맙시다.

▸ **면접장까지 가는 방법 확인.**

대중교통을 이용하도록 하며, 전철이나 버스의 소요 시간 등은 미리 알아 둡니다.

● 면접 당일 ●

① 지각은 NO!

▸ **절대 지각하지 않기.**

시간 약속을 지키지 않는 사람은 그 누구에게도 신임을 얻을 수 없습니다. 면접 당일에 지각하는 일은 절대로 있어서는 안 됩니다. 교통 상황 등의 변수를 고려해 면접장에 30~40분 정도 미리 도착해 침착하게 면접에 임할 수 있도록 준비합니다. 역에서 내리는 순간부터 면접은 이미 시작되었다고 생각해야 합니다.

② 복장 점검하기!

▸ **청결 상태 확인.**

집에서 준비를 하고 나왔다고 하더라도, 오는 길에 구두가 더럽혀지거나, 머리 모양이 흐트러지거나, 여성의 경우 스타킹의 올이 나가 있는 경우가 있으므로, 면접장에 들어가기 전에 꼼꼼히 체크합니다.

③ 휴대전화 확인하기!

▸ **휴대전화 전원 OFF**

보통은 면접 대기실에 가방을 두고 들어가지만, 휴대전화는 되도록 전원을 끄도록 합니다. 간혹, 본인이 면접에 들어간 후에 전화벨 또는 진동이 쉴 새 없이 울려 면접대기실에서 대기하는 다른 대기자들에게 피해를 줄 수 있으니 꼭 확인하도록 합니다.

④ 면접장 입실

▶ 노크하기

문은 손목의 스냅을 이용해 2∼3번 정도 천천히 간격을 두고 '똑똑'하고 두드립니다. 그리고 밝은 미소를 만들어 미리 긴장을 풀고 「どうぞお入りください」라는 말이 들릴 때까지 기다려 주세요.

▶ 문 열고 닫기

들어오라는 말이 들리자마자 바로 문을 열지 않고, 1∼2초 정도 기다렸다가 「失礼します」라는 말과 함께 밝은 미소로 문을 천천히 열어 주세요. 면접장에 들어가 면접관에게 등을 보인 채로 문을 닫거나, 정면을 바라본 채 손만 뒤로 뻗어 문을 닫지 않도록 합니다. 문을 닫을 때는 옆으로 비스듬히 빗겨 서서 문을 천천히 닫습니다.

▶ 인사하기

밝은 미소와 곧은 자세로 「よろしくお願いいたします」라고 면접관을 향해 인사합니다.

▶ 자기소개

의자를 향해 천천히 걸어가 바로 자리에 앉지 말고 옆에 서서 「受験番号○○○番、○○○と申します」라고 밝은 미소로 간단한 자기소개를 합니다.

▶ 착석하기

자기소개 후 「どうぞお座りください」라는 말이 들리면 밝은 미소로 「失礼します」라고 말한 뒤 자리에 앉습니다.

④ 면접장 퇴실

▸ **면접 종료**

면접관이 「これで終わります」라고 말하면, 면접에 참여하게 해 주셔서 감사하다는 마음을 가득 담아 「ありがとうございました」라고 말하고, 앉은 채로 고개를 숙여 인사합니다.

▸ **인사하기**

의자에서 일어나, 면접관과 아이컨택 후 「ありがとうございました、よろしくお願いいたします」라고 말하고 고개 숙여 인사합니다. 그리고 문까지 천천히 걸어갑니다.

▸ **퇴실 전 다시 한번 인사하기**

문 앞에서 면접관을 향해 돌아서서 「失礼します」라고 다시 한번 밝은 미소로 마지막으로 인사합니다.

▸ **문 열고 닫기**

문을 열고 나가서, 들어올 때와 마찬가지로 면접관과 눈을 마주치면서 공손히, 그리고 소리가 나지 않도록 두 손으로 주의해서 천천히 문을 닫습니다.

▸ **긴장 풀지 않기**

면접장에서 나왔다고 해서 면접이 완전히 끝난 것은 아닙니다. 언제 어디서 누가 보고 있을지 모르기 때문에, 화장실이나 면접 대기실 등에서 전화 통화를 하거나 면접자들과 면접에 대해서 얘기하는 행동은 피해야 합니다. 그리고 회사를 나서서도 근처의 카페나 식당에 삼삼오오 모여서 면접에 대해 얘기하는 행동, 회사 근처에서 담배를 피우는 행동은 삼가세요. 설령, 여러분이 면접을 성공리에 마쳤다고 하더라도 이런 작은 행동 하나하나가 합격과 불합격을 좌우할 수 있다는 점을 꼭 명심하길 바랍니다.

「郷に入っては郷に従え」 즉, '로마에 가면 로마법을 따르라'라는 말이 있죠.
다소 답답하게 느껴지기도 하고 '꼭 이렇게까지 해야 하나?'라는 생각이 들 수도
있겠지만, 일본 또는 일본계 기업으로의 취업을 목표로 한다면 일본의 대세와 문화를
따르는 것이 바람직합니다. 한국에서는 개개인의 개성을 중요시하지만, 일본에서는
튀는 행동을 하거나 남들과는 다른 행동을 하는 사람은 자칫하면 「変わってる人」
'별난 사람'으로 인식될 수 있음을 명심하는 것이 좋습니다. 일본어를 공부한 여러분
모두 공감하는 부분이겠지만, 일본어는 일본 문화를 고스란히 담고 있습니다.
일본은 나를 무작정 드러내기보다는 '절제'를 중요시한다는 점을 명심하고,
최대한 겸손한 자세로 그 안에서 본인을 최대한 어필할 방법을 생각해서 면접에
대비하는 것은 어떨까요?

자, 이제 여러분은 이미 모든 준비를 마쳤으니, 스마트하게 합격하는
일만 남았어요!

실전 면접
리허설 노트

면접 직전, 이미지 트레이닝을 통해

예상 면접 질문에 대한 답변을 연습해 봅시다.

면접에 자주 나오는 질문 21

자기소개 및 개인 정보

1. 簡単に自己紹介をお願いします。　　　　　간단하게 자기소개해 보세요.

2. 自分だけのストレス解消法はありますか?　자신만의 스트레스 해소법이 있습니까?

3. あなたはリーダーシップがあると思いますか?　당신은 리더십이 있다고 생각하십니까?

4. 尊敬する人物について話してください。　　존경하는 인물에 대해 말해보세요.

성격 및 인생관

5. ご自身の短所と長所について話してください。　본인의 장단점을 말해 보세요.

6. あなたの人生のモットーは何ですか?　　당신의 인생관(좌우명)은 무엇입니까?

7. あなたが好きな一言は何ですか?　　　　당신이 좋아하는 한마디는 무엇입니까?

학교 생활

8. 専攻を選んだ理由は何ですか?　　　　　전공을 선택한 이유는 무엇입니까?

9. 大学時代の特別な経験を持っていますか?　대학 시절, 특별한 경험이 있습니까?

10. 卒論のテーマは何ですか?　　　　　　당신의 졸업 논문 주제는 무엇입니까?

취미 및 특기

11. あなたの趣味は何ですか?　　　　　　당신의 취미는 무엇입니까?

12. あなたの特技について話してください。　당신의 특기를 설명해 보세요.

13. 日本語を勉強する上で、困難なことがあった時は
    それをどう乗り越えましたか?

일본어 공부할 때의 어려움을 어떻게 극복하였습니까?

14. 仕事に関係のある業務経験はありますか?

업무와 관련된 경험이 있습니까?

15. 採用されたら、どのような部署で勤務したいですか?

채용된다면 어느 부서에서 근무하고 싶습니까?

지원 동기 및 포부

16. なぜ、当社に志望しましたか?

왜 우리 회사에 지원하였습니까?

17. 専攻と志望した分野が違う理由は何ですか?

전공과 지원 분야가 다른 이유가 무엇입니까?

18. 当社と他社に同時に合格したら、どうしますか?

우리 회사와 다른 업체에 모두 합격한다면 어떻게 하겠습니까?

일본시사

19. あなたが思う日本はどんな国ですか?

당신이 생각하는 일본은 어떤 나라입니까?

20. 最も興味を持っている日本の政治イシューは
    何ですか?

가장 관심을 가지고 있는 일본 정치이슈는 무엇입니까?

21. 最も記憶に残る日本の文化的な要素は何ですか?

가장 기억에 남는 일본 문화는 무엇입니까?

실전 면접 리허설(자기소개)

아래 예시를 참고하여 면접관의 질문에 본인의 답변을 채워 넣어 봅시다.

예시

面接官：お名前は何ですか。

わたし：私の名前はキム・ジェグンです。

면접관 : 당신의 이름은 무엇입니까?

나　　 : 제 이름은 김재근입니다.

面接官：あなたは何歳ですか。

わたし：私は26歳です。

면접관 : 당신은 몇 살입니까?

나　　 : 저는 26살입니다.

面接官：今、どこに住んでいますか。

わたし：現在、ソウルに住んでいます。

면접관 : 지금 어디에 살고 있나요?

나　　 : 현재 서울에 살고 있습니다.

面接官：あなたはどこの大学を卒業しましたか。

わたし：漢陽大学を卒業しました。

면접관 : 당신은 어느 학교를 졸업했나요?

나　　 : 저는 한양대학교를 졸업하였습니다.

面接官：大学の専攻は何ですか。(4장 2-1)

わたし：私は日本語を専攻しました。

면접관 : 대학에서의 전공은 무엇입니까?

나　　 : 저는 일본어를 전공했습니다.

面接官：その専攻を選んだ理由は何ですか。(4장 2-2)

わたし：私は外国語を勉強するのが好きで日本語を専攻に選び、日本語だけでなく、日本の経済と政治全般に関する知識も身に付けました。学校で学んだ有用な知識を業務に活かしたいと思っております。

면접관 : 그 전공을 선택한 이유는 무엇인가요?

나　　 : 저는 외국어 공부하는 것을 좋아해서 일어를 전공으로 선택했고, 일본어뿐만 아니라 일본 경제와 정치 전반에 관련된 기본 지식도 공부하였습니다. 학교에서 배운 유용한 지식을 업무에 잘 활용할 수 있으면 좋겠습니다.

面接官：お名前は何ですか。

わたし：

_____

面接官：あなたは何歳ですか。

わたし：

_____

面接官：今、どこに住んでいますか。

わたし：

_____

面接官：あなたはどこの大学を卒業しましたか。

わたし：

_____

面接官：あなたの専攻は何ですか。

わたし：

_____

面接官：その専攻を選んだ理由は何ですか。

わたし：

_____

_____

예시

面接官 : あなたの特技は何ですか。(5장 1-2)

わたし : 私は日本語が流暢に話せます。大学時代、日本で1年間語学留学をしながら、多くの日本人と友達になりました。韓国に戻ってからは日本語能力試験(JLPT)N1級を取得しました。

면접관 : 당신의 특기는 무엇입니까?

나 : 저는 일본어를 유창하게 말할 수 있습니다. 대학 시절 일본에서 1년간 어학 연수를 하면서 많은 일본 친구를 사귀었습니다. 한국에 돌아온 뒤에는 일본어능력시험(JLPT) N1급을 취득하였습니다.

面接官 : 当社についてどれくらい知っていますか。(7장 1-2)

わたし : 御社は「人材第一」という企業理念を基に優秀な人材を積極的に取り入れ、育成しています。この企業理念は国内でのビジネスを拡大するのに決定的な役割を果たしたと思います。

면접관 : 우리 회사에 대해 얼마나 알고 있습니까?

나 : 귀사는 '인재 제일' 이라는 기업 이념을 가지고 우수한 인재를 적극적으로 유치하고 육성하고 있습니다. 이러한 기업 이념이 국내 사업을 확장하는데 결정적인 역할을 했다고 생각합니다.

面接官 : なぜ、当社に志望しましたか。(7장 1-1)

わたし : 御社は海外営業分野で最も競争力のある会社だと思い、志望いたしました。

면접관 : 왜 우리 회사에 지원하였습니까?

나 : 저는 귀사가 해외 영업 분야에서 가장 경쟁력 있는 회사라고 생각해서 지원하였습니다.

面接官：あなたの特技は何ですか。

わたし：

_____

_____

_____

面接官：当社についてどれくらい知っていますか。

わたし：

_____

_____

_____

面接官：なぜ、当社に志望しましたか。

わたし：

_____

_____

_____

예시

面接官：当社があなたを採用したら、会社のためにどんな努力をしますか。(7장 1-3)

わたし：もし、御社に採用されたら真面目に働き、会社の企業文化に馴染めるように努力するつもりです。短期的な目標としては企業の利益を出すことに貢献することで、長期的な目標は会社と共に自分も成長していくことです。

면접관 : 우리가 당신을 채용할 경우, 회사를 위해 어떠한 노력을 하시겠습니까?

나 : 만약 귀사에 채용된다면, 성실하게 일하고 회사와 하나가 되어 기업 문화에 적응하겠습니다. 단기적인 목표는 기업이 더 많은 이윤을 창출하는 데 공헌하는 것이고, 장기적 목표는 기업을 저 자신처럼 여겨 함께 발전해 나가는 것입니다.

面接官：あなたの長所は何ですか。(3장 2-1)

わたし：私の長所はポジティブで何事にも積極的に楽しく取り組むところです。

면접관 : 당신의 장점은 무엇입니까?

나 : 저의 장점은 긍정적인 성격이라 어떤 일을 하더라도 적극적이고 즐겁게 임한다는 점입니다.

面接官：最後に何か質問、又は言いたいことはありますか。

わたし：最善を尽くして御社の発展に寄与し、自分の能力を発揮して業務に集中するように頑張りたいと思います。どうぞよろしくお願いいたします。

면접관 : 마지막으로 질문이나 하고 싶은 말이 있나요?

나 : 저는 최선을 다해 귀사의 발전에 기여하며, 저의 모든 역량을 업무에 집중하도록 열심히 노력하겠습니다. 잘 부탁드리겠습니다.

面接官：当社があなたを採用したら、会社のためにどんな努力をしますか。

わたし：

_____

_____

_____

面接官：あなたの長所は何ですか。

わたし：

_____

_____

_____

面接官：最後に何か質問、又は言いたいことはありますか？

わたし：

_____

_____

_____

예시

자기소개 정리

안녕하십니까! 처음 뵙겠습니다. 저는 김재근이라고 합니다. 26살입니다. 현재 서울에 살고 있으며, 한양대학교 일본어학과를 졸업했습니다. 저는 외국어 공부하는 것을 좋아해서 일본어를 전공으로 선택했고, 일본어뿐만 아니라 일본 경제와 정치 방면에 관련된 지식도 공부하였습니다. 학교에서 배운 유용한 지식을 업무에 잘 활용할 수 있으면 좋겠습니다.

저는 일본어를 유창하게 말할 수 있습니다. 대학 시절 일본에서 1년간 어학 연수를 하면서 많은 일본 친구를 사귀었습니다. 한국에 돌아온 뒤에는 일본어능력시험(JLPT) N1급을 취득하였습니다.

귀사는 '인재 제일'이라는 기업 이념을 가지고 우수한 인재를 적극적으로 유치하고 육성하고 있습니다. 이러한 기업 이념이 국내 사업을 확장하는데 결정적인 역할을 했다고 생각합니다. 그리고 귀사는 해외 영업 분야에서 가장 경쟁력 있는 회사라고 생각해서 지원하였습니다.

저의 장점은 긍정적인 성격이라 어떤 일을 하더라도 즐겁게 임한다는 점입니다. 제가 만약 귀사의 일원이 된다면 저의 장점과 능력을 업무에 집중하며, 최선을 다해 귀사의 발전에 기여할 수 있도록 열심히 노력하겠습니다. 잘 부탁드리겠습니다.

こんにちは、はじめまして。私はキム・ジェグンと申します。26歳です。現在ソウルに住んでいて、漢陽大学日本語学科を卒業しました。私は外国語を勉強するのが好きで日本語を専攻に選び、日本語だけでなく、日本の経済と政治全般に関する知識も身に付けました。学校で学んだ有用な知識を業務に活かしたいと思っております。

私は日本語が流暢に話せます。大学時代、日本で1年間語学留学をしながら、多くの日本人と友達になりました。韓国に戻ってからは日本語能力試験(JLPT)N1級を取得しました。

御社は「人材第一」という企業理念を基に優秀な人材を積極的に取り入れ、育成しています。この企業理念は国内でのビジネスを拡大するのに決定的な役割を果たしたと思います。そして御社は海外営業分野で最も競争力のある会社だと思い、志望いたしました。

私の長所はポジティブで何事にも積極的に楽しく取り組むところです。もし、私が御社の一員となりましたら、私の長所と能力を業務に集中させ、御社の発展に寄与できるように最善を尽くしたいと思っております。頑張りますので、どうぞよろしくお願いいたします。

나의 자기소개

자기소개 정리

自己紹介まとめ

自己紹介書 (자기소개서)

研究課題または興味ある科目 (연구 과제 또는 관심 있는 과목)

【관심 있는 과목: 외국어】

저는 외국어에 관심이 있습니다. 외국어를 배우면 그 나라의 문화를 잘 이해할 수 있기 때문입니다. 저는 일본어와 영어를 구사할 수 있습니다. 최근에는 중국어에 흥미를 갖고 공부를 시작했습니다.

学生時代に力を注いだこと (학생 시절 힘을 쏟았던 것)

국경을 넘는 따뜻한 미소로 손님께 다가갔습니다. 저는 3년 정도 긴자에 있는 벨기에 초콜릿 가게에서 아르바이트를 하고 있습니다. 아르바이트를 처음 시작했을 당시에는 판매도 처음이어서, 접객 서비스는 고사하고 초콜릿 이름을 외우는 데 급급했습니다. 항상 웃는 얼굴로 서비스를 해가는 동안 단골손님과의 대화에서도 활기를 띠게 되어 저에게도 점점 자신이 생겼습니다.

資格・インターンシップ等 (자격·인턴십 등)

【자격증】 일본어능력시험 N1급, 비즈니스 검정 2급
【면허】 자동차운전면허 1종 보통

趣味・特技 (취미·특기)

【취미】 야구 경기 관람
【특기】 헤어 액세서리 만들기

自己PR (자기 PR)

저의 장점은 어떤 일이든지 도전하고, 끝까지 포기하지 않고 최선을 다해 노력하는 것입니다. 학생 시절 마라톤 대회에 참가한 적이 있습니다. 처음에는 단순하게 장거리 달리기라고만 생각했습니다. 그런데 점점 달릴수록 포기하고만 싶었습니다. 그럼에도 불구하고 끝까지 노력한 결과, 완주할 수 있었습니다. 저는 마라톤을 통해 저의 한계를 뛰어넘은 것 같아 저 자신을 자랑스럽게 생각하고 있습니다.

その他自由記述欄 (그 외 자유 기술란)

99% 『NO』라고 해도 1%의 가능성이 있으면 『YES』라고 믿고, 포기하지 않고 도전합니다. 어떠한 일에도 도전하고, 끝까지 최선을 다합니다.

履歴書・自己紹介書

年　　月　　日現在

ふりがな		性別
氏　　名	印	
生 年 月 日	年　　月　　日生(満　　歳)	
ふりがな		
現 住 所	〒　　　　　　　　　　　　　　　　　　　　　　　TEL(　　)　　　－　　　　　　携帯電話　　　　　－　　　－	
E-mail		
緊急連絡先または帰省先　　　TEL(　　)　　　－		

この部分だけのりづけ

写　真
(3 × 4)

写真の裏面に
氏名を記入すること。

学歴・職歴

年	月	学　歴　・　職　歴

自己紹介書

研究課題または興味ある科目

学生時代に力を注いだこと

資格・インターンシップ等	趣味・特技

自己PR

その他自由記述欄

※ 黒インク、楷書、算用数字で記入すること

외국어 출판 40년의 신뢰
외국어 전문 출판 그룹
동양북스가 만드는 책은 다릅니다.

40년의 쉼 없는 노력과 도전으로 책 만들기에 최선을 다해온 동양북스는
오늘도 미래의 가치에 투자하고 있습니다.
대한민국의 내일을 생각하는 도전 정신과 믿음으로 최선을 다하겠습니다.

동양북스

📖 동양북스 추천 교재

일본어 교재의 최강자, 동양북스 추천 교재

회화 코스북

일본어뱅크 다이스키
STEP 1·2·3·4·5·6·7·8

일본어뱅크
좋아요 일본어 1·2·3·4·5·6

일본어뱅크 도모다찌
STEP 1·2·3

분야서

일본어뱅크
좋아요 일본어 독해 STEP 1·2

일본어뱅크
일본어 작문 초급

일본어뱅크
사진과 함께하는
일본 문화

일본어뱅크
항공 서비스 일본어

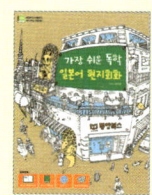

가장 쉬운 독학
일본어 현지회화

수험서

일취월장 JPT
독해·청해

일취월장 JPT
실전 모의고사 500·700

일단 합격하고 오겠습니다
JLPT 일본어능력시험
N1·N2·N3·N4·N5

일단 합격하고 오겠습니다
JLPT 일본어능력시험
실전모의고사 N1·N2·N3·N4/5

단어·한자

특허받은
일본어 한자 암기박사

일본어 상용한자 2136
이거 하나면 끝!

일본어뱅크
좋아요 일본어 한자

가장 쉬운 독학
일본어 단어장

일단 합격하고 오겠습니다
JLPT 일본어능력시험
단어장 N1·N2·N3

중국어 교재의 최강자, 동양북스 추천 교재

중국어뱅크 북경대학 신한어구어
1·2·3·4·5·6

중국어뱅크 스마트중국어
STEP 1·2·3·4

중국어뱅크 집중중국어
STEP 1·2·3·4

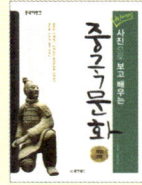

중국어뱅크
뉴! 버전업 사진으로
보고 배우는 중국문화

중국어뱅크
문화중국어 1·2

중국어뱅크
관광 중국어 1·2

중국어뱅크
여행실무 중국어

중국어뱅크
호텔 중국어

중국어뱅크
판매 중국어

중국어뱅크
항공 실무 중국어

정반합 新HSK
1급·2급·3급·4급·5급·6급

일단 합격 新HSK 한 권이면 끝
3급·4급·5급·6급

버전업! 新HSK
VOCA 5급·6급

가장 쉬운 독학 중국어 단어장

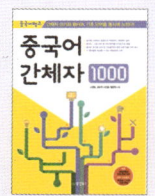

중국어뱅크
중국어 간체자 1000

특허받은
중국어 한자 암기박사

동양북스 추천 교재

기타외국어 교재의 최강자, 동양북스 추천 교재

중고급 학습

| 첫걸음 끝내고 보는 프랑스어 중고급의 모든 것 | 첫걸음 끝내고 보는 스페인어 중고급의 모든 것 | 첫걸음 끝내고 보는 독일어 중고급의 모든 것 | 첫걸음 끝내고 보는 태국어 중고급의 모든 것 | 첫걸음 끝내고 보는 베트남어 중고급의 모든 것 |

단어장

  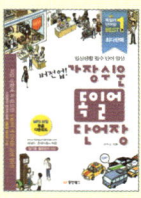 

| 버전업! 가장 쉬운 프랑스어 단어장 | 버전업! 가장 쉬운 스페인어 단어장 | 버전업! 가장 쉬운 독일어 단어장 | 가장 쉬운 독학 베트남어 단어장 |

여행 회화

  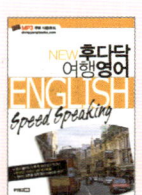     

| NEW 후다닥 여행 중국어 | NEW 후다닥 여행 일본어 | NEW 후다닥 여행 영어 | NEW 후다닥 여행 독일어 | NEW 후다닥 여행 프랑스어 | NEW 후다닥 여행 스페인어 | NEW 후다닥 여행 베트남어 | NEW 후다닥 여행 태국어 |

수험서 · 교재

| 한 권으로 끝내는 DELE 어휘·쓰기·관용구편 (B2~C1) | 수능 기초 베트남어 한 권이면 끝! | 버전업! 스마트 프랑스어 | 일단 합격하고 오겠습니다 독일어능력시험 A1·A2·B1·B2 |